陈来 著

山高水长集

中华书局

图书在版编目(CIP)数据

山高水长集/陈来著. —北京:中华书局,2015.5
(《文史知识》编委文丛)
ISBN 978-7-101-10849-1

Ⅰ.山…　Ⅱ.陈…　Ⅲ.社会科学-文集　Ⅳ.C53

中国版本图书馆 CIP 数据核字(2015)第 067038 号

书　　名	山高水长集
著　　者	陈　来
丛 书 名	《文史知识》编委文丛
责任编辑	刘淑丽
出版发行	中华书局
	(北京市丰台区太平桥西里 38 号　100073)
	http://www.zhbc.com.cn
	E-mail:zhbc@zhbc.com.cn
印　　刷	北京市白帆印务有限公司
版　　次	2015 年 5 月北京第 1 版
	2015 年 5 月北京第 1 次印刷
规　　格	开本/787×1092 毫米　1/32
	印张 8¾　插页 8　字数 120 千字
印　　数	1-6000 册
国际书号	ISBN 978-7-101-10849-1
定　　价	32.00 元

作者像，2009 年 10 月于清华大学

目　录

记冯友兰先生

一　特　识

黄宗羲在《明儒学案》中讲到王阳明晚年的学问境界，用了王龙溪的两句话："所操益熟，所得益化。"我觉得这两句话正可以用来表达冯友兰先生晚年的学问修养。

自1980年以后，冯先生的主要工作是撰写他的《中国哲学史新编》（以下简称《新编》），《新编》体现了冯先生近年的思想。《新编》是对旧著而言，故要了解《新编》，不能不涉及到他的旧著《中国哲学史》。众所周知，冯先生有几种享誉学界的关于中国哲学史的著作：三十年代初写成的两卷本《中国哲学史》，他自己习称为"大哲学史"；此外，有商务印书馆出版的《中国哲学小史》，和原在美国用英文出版、近由北京大学出版社出版的中译本《中国哲学简史》。到目前为止，有关中国哲学史的著作，海内外学术界影响最"大"的，仍是冯先生这一部"大哲学史"。晚近有学者批评冯先生此书不过是大量引经据典和被动式的注释，与西方学者哲学思辨的功夫相差太远，这种评论显然是不公允的。因为冯先生此书，正如书名所表示的，乃是一部哲学史著作，而不是哲学论著，读过"贞元六书"的人是不应该以"过重引述经典"来评判冯先生的哲学著作的。而且，与写西洋哲学史不同，有著作经验的人都会了解，用中文著写中国哲学史，必须引述经典的古汉语原文，尔后再加说明阐释，这已是一条不成文之通例，不足以成为此类著述之病。

《中国哲学史》出版时，陈寅恪先生曾作审查报告，有言："此书作者取西洋哲学观念，以阐明紫阳之学，宜其成系统而多新解。"近几十年，学界每批评冯先生用新实在论讲程朱理学，其实，冯先生当初在美国学的若不是新实在论，而是实用主义或别的什么西方近代哲学，他是否能写出这样一部影响深远的《中国哲学史》来，是值得怀疑的。新实在论注重的共相殊相、一般特殊的问题，确实是古今中西哲学共有的基本问题，不管新实在论的解答正确或者不正确，冯先生由此入手，深造自得，才能使他"统之有宗"、"会之有元"，在哲学上实有所见而自成一家。而程朱理学，在哲学上也确有与新实在论相通之处，所以，冯先生从新实在论的立场所阐发的程朱理学的哲学见解，还是相当深刻的。

关于《中国哲学史》一书的"特识"，冯先生后来在《三松堂自序》中这样说："就我的《中国哲学史》这部书的内容来说，有两点我可以引以自豪，第一点是，向来的人都认为先秦的名家就是名学，其主要的辩论就是'合同异、离坚白'，认为这无非都是一些强词夺理的诡辩。战国时论及辩者之学，皆总称其学为'坚白同异'之辩，此乃笼统言之，我认为其实辩者之中分二派，一派主张合同异，一派主张离坚白，前者以惠施为首领，后者以公孙龙为首领。第二点是，程颢和程颐两兄弟，后来的研究者都以为，他们的哲学思想是完全一致的，统称为'程门'，朱熹引用他们的话，往往都统称'程子曰'，不分别哪个程子。我认为他们的思想是不同的，故本书谓明道乃以后心学之先驱，而伊川乃以后理学之先驱也。这两点我以为都是发先人之所未发，而后来也不能改变的。"

冯先生此说是太过谦虚了。其实，从学术上看，在上述两点而外，不但《中国哲学史》的基本结构、人物、条理为此后写中国哲学史的学者所继承，书中的诸多观点和提法，如孔子的正名主义，墨子的功利主义，孟子的理想主义，老庄的楚人精神，法家的三种派别，王充的自然主义，《列子》的唯物主义，以及程朱异同、朱陆异同、朱王异同、佛教的主观唯心论与客观唯心论等，也都是"发先人之所未发，后来也不能改变的"，至今仍为学术界沿袭或吸取。其中大部分的分析和定位已成了本学科的"典范"，美国和日本的不少大学至今仍以此书为基本教本，这是与它的多方面的成就分不开的。

二　可怪之论

说到《新编》，可能会有人问，用冯先生以前常爱用的"瓶""酒"的说法，到底是"旧瓶装新酒"，还是"新瓶装旧酒"，或是"新瓶装新酒"？就冯先生的主观想法来看，他是想尽量吸取马克思主义的哲学方法来考察分析中国古代哲学的内容和发展，因而在形式方面大量采用了从黑格尔到马克思的概念范畴，就这点来说，"新瓶"是可以肯定的，至于瓶中之酒，就不能简单地说是新是旧了。

在我看来，与旧著相比，从大的方面说，《新编》有两点突出的、与原来的"大哲学史"不同的特色。第一是对一般和特殊的问题理出了基本线索。冯先生认为，两千多年的中国古代哲学的历史，有一根本的线索贯穿其中，这就是共相和殊相、一般和特殊的关系问题。冯先生常说："这是一个真正的哲学问题，先秦儒家讲的正名，道家讲的有无，名家讲的名实，归根到底都是这个问题，玄学所讲的有无，道学所讲的理事，归根到底也都是这个问题。"旧著只是在"伊川""朱子"两章中讲到这个问题，没有贯穿到整个中国哲学史，冯先生认为这次写《新编》对这一点看得更清楚了。第二是把考察阐述中国哲学的精神境界作为一个基本着眼点。冯先生认为，哲学的作用主要就是能够提高人的精神境界，中国哲学在这方面对人类文明有较大贡献，所以应当特别加以阐扬。举例来说，冯先生谈到玄学的"体无"时强调，这代表了一种混沌的精神境界。没有经过分别的、自然而有的混沌可称为"原始的混沌"；经过分别之后而达到无分别乃是高一级的混沌，可称为"后得的混沌"。诗人乐草木之无知，羡儿童之天真，其实草木并不知其无知，儿童也不知道他们是天真。"原始"与"后得"的区别，就在有自觉和无自觉，玄学代表的就是自觉的无区别、无计较的精神境界。这样的精神境界，也就是道家所说的"逍遥""玄冥"。可是有这样境界的人，并不需要脱离人伦日用，对于外物也不是没有反应，所以从玄学一转，就是道学的"即其所居之位，乐其日用之常"，"物来而顺应，廓然而大公"。

"大哲学史"写于20世纪三十年代初，而"新理学"的体系形成之后，冯先生对共相殊相的问题在哲学及哲学史上的意义，更有自觉的重视，就这一点说，《新编》重视共相殊相，与冯先生四十年代的思想，是有一脉相承之联系。在《新原人》中也讨论过人的四种精神境界，不过，我自己的感觉是，《新原人》以"天地境界"为最高，虽然说来是如此，但似终有一间未达，并有说得过高处，未如《新编》论玄学和道学的境界透彻圆融。我以为这是由于四十年来，冯先生自己的精神境界与日俱进，屡经磨难而更臻于圆达，如元好问所谓"亲到长安"者，因为他对这些精神境界有真"受用"，所以说出便与人不同。有一次冯先生对我说："参前倚衡，'仰之弥高，钻之弥坚，瞻之在前，忽焉在后'，这是说的孔子的精神境界啊。"冯先生说的话和当时说话时的神情给我印象甚深，我认为他对这些精神境界,确实是有真体会。

所以,从这两个基本点来说,就难以用新酒旧酒截然分开来说了。如果说新,"新"与"旧"也有联系;说旧,"旧"的也有了"新"的发展。从前朱子和陆子寿诗有两句:"旧学商量加邃密,新知培养转深沉。"从这方面看冯先生,也可以说"旧学"益密,"新知"益深。冯先生在《三松堂自序》之序中,说自己"已届耄耋,耳目丧其聪明,为书几不成字"。海外朋友常有冯先生晚年是否已经糊涂的疑问,其实不然。就以冯先生晚年的情况说,据医生讲,自1986年视力大减之后,脑力更见增益。我帮助冯先生作《新编》,对冯先生思维之敏捷,每感惊讶,现举几例来说明。

在写《新编》的过程中,冯先生每创新意,不落旧套。写魏晋玄学时他说:"我有一想法,王弼是贵无论,裴頠是崇有论,郭象是无无论;贵无论是'肯定',崇有论是'否定',郭象的无无论是'否定之否定'。这与黑格尔的正、反、合正好相通。"冯先生发明了"无无论"一词讲郭象,又提出郭象对贵无、崇有作了"扬弃",破除了终极的无,但不否定境界的无,这样一来,就把玄学从纵到横重新贯穿起来了。冯先生很注意每一大的时期的哲

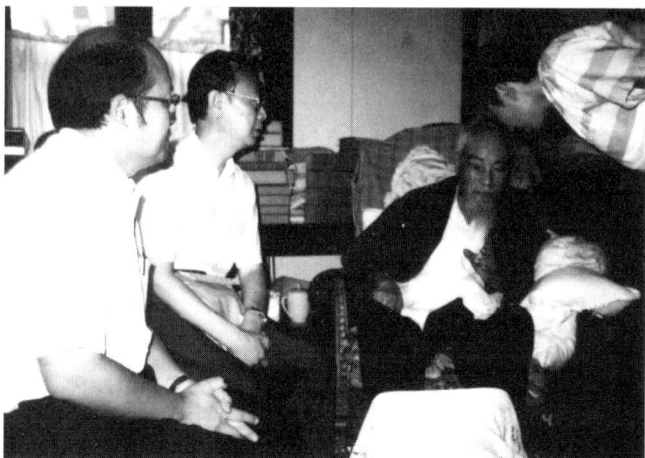

1990年8月4日，冯友兰先生与作者交谈

学发展线索，写到宋明时他又提出："道学可分为两期。
从前期看，二程讲理是肯定，张载讲气是否定，朱子是
否定之否定。到了道学的后一阶段，前一阶段的'否定的
否定'就成了后一阶段开始的肯定，因此阳明是朱子的否
定，王船山是否定的否定。"照冯先生这个说法，王船山
不但是朱子的否定之否定，即更高程度的肯定，而是整
个宋明道学发展的集大成者，这与时论视船山为反道学
唯心论的唯物主义大师的观点，相去大远；而他对"肯
定"／"否定"发展关系的看法，也与一般的辩证法家大
不相同。冯先生说，这在许多人看来，可能是可怪之论。

冯先生虽年过九旬，哲学思维却一天也没有停止过。正如古人所谓"志道精思，未始须臾息，亦未始须臾忘也"。他常常语出惊人，提出与时论有所不同的种种"新意"，并且每戏称之为"非常可怪之论"。前边说的就是个例子。宋明的一册快要写完的时候，一日他又对我说："我近来又有一个想法，也可以说是非常可怪之论，就是毛泽东的哲学实际上也是接着中国古典哲学讲的。"一般人都认为毛泽东的思想乃是马克思主义的中国化，但他们理解的中国化，是指在实践上与中国的具体国情相结合。照冯先生看，这个"化"不可能与中国哲学的传统没有关系。冯先生说："从孔子到王船山，中国哲学有个基本问题，就是一般和特殊的问题。到了王船山，给了一个解决，解决的方法是'理在事中'，毛的《矛盾论》《实践论》讲矛盾的普遍性即寓于特殊性之中，其思想归结起来是'一般寓于特殊之中'，这个寓字从前人不常用，而这个思想也就是'理在事中'，所谓实事求是，就是在事上求理。"找出这个联系，冯先生颇满意，他说："《西厢记》中红娘有一句唱调，说'是几时孟光接了梁鸿案'，这么一来，毛的思想和中国古代哲学讨论的问题就接上了。"

《新编》写到清近代的时候，冯先生又有了一个"非常可怪之论"。他说："时人称许太平天国，贬骂曾国藩，可是从中国近代史的主题来说，洪秀全要学习并搬到中国的，是以小农平均主义为基础的西方中世纪的神权政治。中国当时需要的是西方的近代化，所以洪秀全的理想若真实现，中国就要倒退。这样一来，自然就把他的对立面曾国藩抬高了。曾国藩主观上是如何是一回事，但客观上看，他打败了太平天国是阻止了中国的一次倒退。不过曾推行一套以政代工的方针，违背了西方国家近代化以商代工的自然道路，又延迟了近代化。"冯先生对曾、洪的评价与几十年来近代史学界的流行观点完全相反，学术界对此自然有不同的反应。

1988年我从美国回来后，冯先生对我谈《新编》的进展情况，他说："我又有了几个'非常可怪之论'。照马克思本来的想法，以蒸汽机为代表的第一次产业革命，使生产力发生了巨大的发展，产生了资本主义。照这个道理说，能够取代资本主义的新的社会制度和生产关系，只有另一次在广度、深度上与第一次产业革命类似的新产业革命出现之后才能出现，也就是说那个时候才能有真正的社会主义。另一点是，几十年来赞美农民政权等贵贱、均贫富，其实封建社会里的农民并不代表新的生产关系。农民起义成功，建立的还是旧的生产关系和等级制度，所以'农民政权'是没有的。这是因为农民是封建社会里地主阶级的对立面，是这个生产关系的内在的一部分，他没有办法提出新的生产关系来。由此引出一点，现在计算机和超导材料的发展，也许会造成一个大的产业革命，那个时候可能会有新的生产关系出现，以适合生产力的发展。"

以上所举数条，不过是借此使人一窥冯先生晚年思想之活跃，这些观点人们可以因为他受黑格尔、马克思影响太大而不同意，但由此可见冯先生的哲学思维确乎未尝一日而中断。他的思想，一方面总是充分利用既有的一切形式，扣紧时代的课题，另一方面也从内容上作各种积极的转化。

三　道学气象

我在1987年写的一篇文章中，曾以"道学气象"论冯先生。我还说，冯先生气象最近于程明道，不过什么是我所了解的明道气象，则语焉而未详。

冯先生一向最为推崇程明道《秋日》诗："闲来无事不从容，睡觉东窗日已红。万物静观皆自得，四时佳兴与人同。道通天地有形外，思入风云变态中。富贵不淫贫贱乐，男儿到此是豪雄。"平时闲居亦常讽咏。我想冯先生所以喜欢这首诗，从精神境界来说，是因为他对"从容""自得"有真受用。他的宽裕温平、和易怡悦、从容自得的气象，充分体现了他的精神境界。他的晚年气象正如古人所说"纯粹如精金，温润如良玉，宽而有制，和而不流"，"视其色，如春阳之温，听其言，如时雨之润"。在我的了解中，明道与冯先生互相辉映，充养完粹，神定气和，动静端详，闲泰自然，未尝有忿厉之容，冯先生乐易和粹的气象，是我所了解的明道气象的具体表现。

近人论冯先生学问，皆知《新理学》是"接着"伊川讲的，殊少知其气象境界尤近于明道。人之学问与气象不可离，这是中国传统文化的一个特点，也是一个优点。陈白沙曾言"学者须理会气象"。所以我常想，儒学在中国不得复兴，只讲生命进动，缺乏涵养气象一节，大概也是一个原因吧。

1986年，我赴哈佛访问研究，行前到医院看望正在住院的冯先生，当时第五册只剩下王船山未写完。冯先生说，可惜《新编》的写作没法得到你的帮助了。1988年我回国后，见冯先生身体大体上与前两年相近，只是目力大退。我赴美前，冯先生偶尔还可以戴上眼镜把书拿到眼睛前边看，现在已不能看书。有客来访，可以看得一个轮廓，但不能分辨。不过倒也由此省去了摘戴眼镜的麻烦。

1985年，有一次杜维明教授携太太若山（Rossane）及不满两岁的儿子在冯先生家做客，冯先生竟问杜太太："你是四川人吧。"这固然可以表现出黄发碧眼的杜太太的中国话已可以"以假乱真"，也说明冯先生"耳目失其聪明"的程度。人入老境，常有慈幼之心，从前冯先生几次对我提起："杜维明的那个小孩很好玩。"1988年我从哈佛回来，他又说起：杜维明那个小孩很好玩。

冯先生说话从容平缓，但不乏风趣诙谐。1988年，哥伦比亚大学的朱荣贵博士忽到北大，我陪他去访冯先生，谈话间说到台湾"中央研究院"现在有多少院士，朱荣贵说："台湾现在不会承认您是院士了。"冯先生笑道："那是当然，开除院籍!"

冯先生常对我说，有那么一个客观的道理，古今中西的人都可能有所见，即使讲的相同，也不必是抄袭，因为本来就有那么一个客观的道理。我曾问他，写"贞元六书"时有没有继承儒学传统的意思，冯先生说："当时是有这个意思，不过现在并没有这个意思了，因为儒家也好，道家也好，这个界限对我来说已经打通了。我现在觉得好东西都是通的，康德和禅宗也是通的。"冯先生还说："我现在就像一头老黄牛，懒洋洋地卧在那里，把已经吃进去的草再吐出来细嚼慢咽，不仅津津有味，简直是其味无穷！其味无穷，其乐也无穷了。古人所谓乐道，大概就是指此吧！"

我帮冯先生写《新编》曾有好几年，工作的性质我在另一篇文章已经谈过（见《当代》十九期《十年道问学》）。冯先生总是以为我很懂哲学，所以希望我常去谈谈。其实我根本是似懂非懂，冯先生每每给我许多特别的启发，使我得益极大。每当冯先生"津津有味"地谈说他的种种思考所得时，我便坐在对面默然而"观"。这种"观"并非现在人所说的看，而是从中体会，体会一个真正的哲学家，一个真正的"中国特色"的学者怎么思考，体会他对这个宇宙、这个世界所抱的态度。数年之中，所闻所观者，不为不详，然终觉未能得其达者大者。噫！语曰"仰之弥高，钻之弥坚"，先生其此人也欤！

（原载《读书》1990年第1期）

张岱年先生与我的求学时代

我最早读张岱年先生的书,是在1977年秋天。当时报考了北京大学哲学系中国哲学史专业1977级的研究生后,招生办公室寄给我一份招生专业目录。我从目录上了解到,北大中国哲学史专业是由张岱年先生领衔的指导小组招收研究生,于是就利用进城办事的机会,到北海旁边的北京图书馆去找张先生的书来看。在北图找到了张先生的《中国伦理思想发展规律的初步研究》,见其中引用列宁关于"公共生活规则"的话,以论证道德的普遍性和重要性,与"文革"和"四人帮"时期的反传统道德的宣传完全不同,觉得精辟透彻,很合我自己的想法。于是就写了一篇较长的文章,谈我对道德的批判继承的看法,连同一封介绍自己要报考研究生的情况的信,一并寄给了张先生。后来77级研究生考试推迟,与78级合并,在78年

5月初试，6月复试。在这期间我给张先生几次写信，张先生也给我回过两次信，通信的内容与过程，我在1998年纪念北大百年校庆时写过一篇文章有详细记述，这里就不再重复了。

1978年6月复试之后，我前往蔚秀园拜见张先生，这是我第一次见张先生。张先生非常和蔼可亲，告诉我已被录取，张先生和我的师生关系从此开始。顺便说一句，因为我的舅舅从前是北大数学系的研究生，我自然知道北大从前对老教授是称"先生"的，所以尽管"文革"十年中师生关系变化很大，但从1977年冬我第一次给张先生写信开始，我一直都是称他为"张先生"的。在我们入学的时候，有不少同学是称张先生为"张老师"的，后来经过一段时间，大家才都对张先生称先生，没有再称老师的了。

一

1978年10月入学后，第二天即往张先生家，请问读书之道，张先生让我先读《荀子》，他说："《荀子》在难易之间，从荀子开始最好。"于是我就按张先生给我开的书目，跑到琉璃厂中国书店，买了一部线装的王先谦的《荀子集解》，自己用红蓝铅笔逐卷点过，并从图书馆借得郝懿行的《荀子补注》参比对看。

在第一年里，张先生为我们讲授"中国哲学史史料学""中国哲学史方法论"两门课，大家都觉得受益很大。由于我入学前已经和张先生几次通信，又已经拜见过张先生，所以在第一年里，我常常去张先生家受教，先生对我循循善诱，非常平和亲切。据我所知，当时其他同学都远没有我和张先生的交游来得密切。

到了1979年夏天，第二学期末的时候，张先生作为教研室主任，要我们十位同学各报自己的志愿研究方向。我们中国哲学专业带研究生的方法是，研究生入学第一年不分导师，集中修课，到第二年按自己志愿的研究方向由教研室来确定论文指导的导师。入学时大家都已经知道，冯先生还在受审查，在冯先生之外，张先生是全国最有威望的老先生，所以都想着分到张先生名下。由于张先生讲史料学时特详于先秦部分，大家又都认定张先生肯定带先秦方面，所以十个同学有一半都报了先秦。我这个人一向内心清高，素来不愿意和别人争，也不想先去走张先生的关系，于是我就报了魏晋。暑假过后，张先生对我说："你的方向要调整一下。"确定我的方向为宋明，由邓艾民先生指导我的论文。结果张先生指导四名、邓先生指导两名、朱先生指导三名、冯先生指导一名。张先生对我的研究方向的这一调整，对我后来的学术发展起了决定性的作用。

在1979年夏，当时大家都在考虑申报的研究方向，吴琼是老北大的，他们对系里的情况比较了解一些，他当时显然在琢磨，他对我说，张先生和冯友兰一样，主要的长项还是研究宋明。我那时也没多想，见大家急急忙忙都要报先秦，我就报了魏晋。暑假，我就借来天文学史的书看，准备研究魏晋时代的哲学和自然科学的关系，那时马哲专业的梅京暑假也在学校，见我房间人少，就搬来我们房间住，他准备出国，看的都是英文，我看的都是科学。

暑假后，教研室决定我和吴琼跟邓艾民先生做论文，我的方向定在宋明，吴琼定在近代。吴琼和邓先生在"文革"中同为难友，他和邓先生很熟，习惯称邓先生为"老邓"。我选定宋明以后，很快就决定做朱熹。事实上，我在1979年春天的学期里，上朱先生课时，曾借了《朱子语类》来看，当时就觉得，朱熹讲理气，有些话是矛盾的，猜想这些话可能前后时代不同。所以方向定在宋明后，我就想来研究朱熹的这些不同的说法，找一个解决的方法。吴琼看我选做朱熹，说，你是不是想要借这块肥地。我当时不太明白他的意思，后来我大概明白一些，他是说我看邓先生研究朱熹，所以也选此题目，可以利用老师的已有成果作基础。其实那时我也不太了解邓先生的专长，邓先生在朱熹方面也没有什么论文发表，我是按我自己的问题兴趣选的。我的研究路数也与传统不同，我一上来是从《朱子年谱》入手，每天细读《朱子年谱》。我还记得有一天，人民大学的青年教师姜法曾来我们寝室，看我念《朱子年谱》，他说他也在读《朱子年谱》。当时看到王白田的《朱子年谱》中对丙戌和己丑的中和之悟特别着墨，但不太理解其中所谈的问题，又找不到其他参考资料，就写了一页的问题，请问邓先生。不过邓先生并没有回答我的问题，要我自己研究。我对邓先生说了我想研究朱熹哲学思想的演变，请问有何书可参考，邓先生想了一下，只提了李穆堂的《朱子晚年全论》。我在图书馆借了《晚年全论》，但其中都是论涵养功夫的资料，并没有我所关心的理气的资料。朱熹的哲学资料主要是两大块，即《语类》和《文集》。就《语类》的资料而言，要确定其年代，需要确定每个学生跟从朱熹学习的时期；那时我也看到了《东方学报》上田中谦二的《朱门弟子师事考》，语类的问题基本解决了。因此，我就在图书馆每天发愤读《朱子文集》，想自己来解决《文集》的资料年代的问题，其中最主要的困难是《文集》中论学书信的年代的确定。论学书信中涉及理气问题的，并不很多，但要有理有据地说明其年代，最好把全部书信都考证一过。这个工作前人没做过，日本学者也没做，工作量比较大，但我那时年轻有精力，记忆力也强，所以就花了一年时间，将《朱子书信年考》基本完成，先写在了五个大笔记本上，以后又抄在稿纸上。

我的论文由邓先生指导，我就选了朱熹作为论文的主题。不过，虽然论文由邓先生指导，我和张先生的授受关系仍一如既往，我依然常常到张先生家问学受教。记得那时每次到张先生家前，都先看张先生的《中国哲学大纲》，以便提出问题请问，张先生除了回答问题以外，也常谈一些学术动态，偶尔也谈及前辈如熊十力的言行。当时我们已经知道张先生写过《中国哲学大纲》而署名宇同，但坊间并无售卖。我那时天天在图书馆二楼教员阅览室看书，那里有张先生的这部书，而且借阅方便。初读这部书时许多地方不能理解，所以常常就此书中的提法请问张先生。

这时候我也开始写些文章，1980年3月，我写了一篇论郭象的文章，意谓郭象既非贵无论，也不是崇有论，而是自然论，写好后送张先生看，其中我在一处引郭象的话"君臣上下、手足内外，乃天理自然"，然后说此语开宋明理学之先河，张先生在此处批注说："宋儒天理从《乐记》来，不是来自郭象。"张先生在文章最后写有批语半页，现已不能复忆其全部，大意谓"文章颇有新意"，"写得很成熟"，"可以发表"等。于是我就将此文修改后投稿给《中国哲学》，后获发表。5月又写成一篇论二程的文章，文章后部讲了二程和朱子的理论关系，也用了自然法思想来比论天理思想。张先生看后，我投稿到《中国哲学史研究》杂志，杂志的张绍良同志还跟我交谈一次，但因后来要发表我论张载的文章，所以论二程的文章退我，终未发表。7月放暑假，临放假前到张先生家，谈及学术动态，张先生提起最新的《中国社会科学》上论张载的文章，我就借了这本杂志和其他几本杂志回家去看。

在我们念研究生的三年里，张先生从我们入学起，不断送书给我们。这些书或者是他写了绪言的，或者是他参加编写的，如《荀子新注》《张载集》等。《张载集》的绪言是张先生写的，张先生对张载思想资料的分析严谨平实，细致入微，所以我们对张载的看法无不受张先生的影响。

我那时在张先生的指引下，也去图书馆找张先生五十年代发表的文章学习，因为那时结集的《中国哲学发微》还未出版。如我就找过1954年《新建设》上张先生论船山哲学的论文细读过，但当时不太能把握关于船山的观念和分析。我也找过1955年《哲学研究》上张先生论张载哲学的论文，看张先生辨析精当，深感佩服。我那时最佩服的是张先生1956年写的《中国古代哲学中若干基本概念的起源和演变》《中国古典哲学的几个特点》，我学习和掌握张先生的治学方法，是从这两篇文章开始的。

我看了《中国社会科学》上论张载的文章后，立即觉得有可商之处，于是就在暑假写了一篇文章与之商榷。假期中，文章交张先生看，张先生看过基本没有修改，说："很好，一定发表！"于是张先生就推荐到《中国哲学史研究》，很快便确定发表。不久，《中国社会科学》知道此事，何祚榕同志来北大要去此文，看后商定还是由《中国社会科学》1981年第1期来发表。我的文章是从我当时所理解的学术观点来回应把张载说成是二元论的观点，并在论点和资料上有所发挥。由于我的思想受张先生影响较大，所以当时《中国社会科学》杂志社的主编审查意见中有一句"作者把张岱年同志的观点表达得非常清楚"。据八十年代初在北大进修的日本学者关口顺告诉我，这篇文章发表后，受到日本学者的注意，我想可能因为这是年轻学者第一次在《中国社会科学》发表论文的缘故。有关张载自然哲学的看法，我至今未变，所以这篇虽属"少作"，我去年仍把它编入我的《中国近世思想史研究》。

这一年9月，为了帮我解决当时在作朱子书信考证中遇到的困难，张先生还给我写介绍信，去访问历史系的邓广铭先生并向他请教。由于我和张先生的关系，所以同学刘笑敢说："别人只有一个先生，只有你有两个先生。"事实上，我同张先生的往来授受关系，要比同学们所能知道的更为密切，我能顺利走入学术界，完全是张先生的不断提携、推荐促成的。

二

1981年秋毕业，本专业同学中只有我留校任教。当时张先生让我开外系的"中国哲学史"课程，并给我一年的时间备课。我大概用了半年时间，已经大体准备好。后来讲课的情况尚好,张先生还介绍刘鄂培同志来听我的课。1982年春夏,我因备课已经有了规模,就继续我的朱子研究。在资料问题上,我遇到疑难处,也常常会去问张先生。

还在1981年春天,我一次去问张先生,侯外庐等的《中国思想通史》中引用朱子"理生气也"的一段话,我在《语类》和《文集》中都没有看到,不知其原始出处在哪里。张先生说这以前大家都没注意,你再找找。过了两星期仍未寻找到,我又到冯友兰先生家去问,冯先生说,前几天张先生还说起,不知道这段话出在哪里。可见张先生还为此事帮我问了冯先生,我心里很感激。1982年4月前后,我在张先生家谈话,问张先生,张载"心统性情"的话,朱熹每喜引用,其原始出处到底在哪里?我问这类问题,目的是找到语录对话的原始语境和连贯论述,以便准确了解这些话的哲学意义。张先生说:"可能出于其《孟子说》,但《孟子说》已经不存,你可以再找找,比如《宋四子钞释》里面的《张子钞释》,看看能不能找到。"于是我就到北京图书馆善本室去查,看了几天,在《张子钞释》中没有找到"心统性情"。但我在顺便翻《朱子钞释》的时候却找到了"理生气也"的出处,于是结合《语类》朝鲜古写本序的线索写了一篇文章。张先生看到我把问题解决了，便很快推荐到《中国哲学史研究》，在1983年发表。这篇小文章，颇受到国际学界前辈陈荣捷先生、山井涌先生的注意和好评。其起因是，1982年夏在夏威夷开朱子学会议时，东京大学的山井先生提出此一资料的出处问题，结果包括陈荣捷先生在内的与会学者都未能解答。其实这个会本来邓艾民先生推荐我作为青年学人参加，但后来会议在国内请了五十岁上下的学者作为青年学者的名额参加，所以我未能躬逢此次盛会。

在那个时期，比我们年纪大十几、二十岁的先生都在"文革"后努力研究发文章，而发表园地很少，所以我们这些刚毕业的研究生发表文章还很难。我在初期的文章多是由张先生推荐才得以发表的。没有张先生的推荐，我们进入学术界肯定要经过更多曲折。

在北图找"心统性情"的时候，因看到《张载集》中"张子语录跋"提及"鸣道集本"，便问张先生是否要去看看，张先生说："其书全名是《诸儒鸣道集》，在北京图书馆，你可以去查查"，于是我就在北图将《诸儒鸣道集》通看一遍，虽然没有查到"心统性情"，但也有收获。由于北图的本子是影宋本，上海图书馆则藏有宋本，我也曾写信到上图询问宋本的序跋情况。情况摸了一遍以后向张先生报告，张先生要我写成文章，经张先生看过，后来发表在《北京大学学报》上。我还记得，文中所引黄壮猷的序，原文"时"字是用的讹字，我不认识，也没去查字典，就照抄录下，是张先生将这个字改为通用字，以后我才认得这个字。1986年初，一次在从香山回来的汽车上，杜维明先生说上海图书馆向他介绍《诸儒鸣道集》，他觉得很有价值。张先生即说："陈来已经写了文章了。"后来杜先生要我把文章影印给哈佛燕京图书馆吴文津先生，要燕京图书馆购藏此书。

从以上这些事情可知，我早年的学术发展与活动，多与张先生的指引有关。

三

1982年，北京大学开始招收文科博士生，北大中国哲学专业只有张先生是国务院学位办通过的首批博士生导师，我当然报考了张先生的博士生，并顺利考取。在学问授受方面，我与张先生的关系，在做博士生前和做博士生后没有什么变化。所变化的地方，是张先生开始要我更多了解他三四十年代的哲学思想。

　　大概在1983底，张先生要我起草《张岱年传略》，因此拿出他珍藏的早年文稿给我看。我借回家细读，对张先生的分析十分佩服，还把《谭理》抄在我自己的笔记本上，后来在我的博士论文中也加以引用。我在这时开始了解张先生自己的哲学思考的历程。我依据这些材料，写了文章，交给张先生，我说："我在文章里有个提法，我说您当时的思想可以说是一种'分析的唯物论'。"张先生点头肯定，面露满意的微笑，他说："三十年代就有人说我们兄弟主张'解析的唯物论'，就是'分析的唯物论'。"看到自己正确地理解了张先生的思想，得到先生的认可，我也颇觉兴奋。所以，我实际上可以说是国内最早研究张先生哲学的人。

　　张先生对外人非常客气，对学生则要求较严，一般不会当面夸奖学生的能力，也是在这个时期，张先生当面对我说了唯一一次夸赞的话。1985年，我遵师命又写了一篇《张岱年学术思想评述》，写好后我对张先生说："抗战期间，您写的这些文章可以称为'天人五论'。冯先生写了'贞元六书'，您写了'天人五论'；冯先生讲新理学，您讲新唯物论，可谓各有其贡献。"张先生当时说，那不能和冯先生比。不过后来张先生也认可了"天人五论"的说法，《张岱年文集》和《张岱年全集》中也都用了这个总题。1989年2月，张先生在西苑医院住院，那时清华大学编的张先生文集第一卷出版，我写了《创造的综合——读〈张岱年文集〉第一卷》，后刊在《中国社会科学》上。其实，我写草稿时，还没拿到书，都是根据我在1983年至1984年读张先生三四十年代文稿的理解和所得。张先生在医院跟我谈起此文中的提法时说："你是我的一个知音。"《张岱年全集》1997年出版后，张先生的学术渐为更多的人所了解，1997年我为《纵横》杂志写了《张岱年——自强不息、厚德载物的哲学家》一文，此文的主要基础也是依据我在八十年代对张先生哲学的研究。1998年北京大学校庆，我因《群言》杂志之邀，写了《大师的小事》，记述了我在七十年代末和张先生最初的交往，张先生看过后对我说："写得很好！"

八十年代初期，学界很关注哲学史方法论的问题，意在突破"唯物—唯心两军对战"的教条和框框，破除哲学史研究的意识形态障碍。而突破的努力有多种形式，如有学者特别突出二元论的问题，有学者提出用三分法来看哲学史的不同派别等。张先生虽然坚持中国有唯物论传统，但他对从前讲的中国哲学史上的"唯心论"一贯很为不满，如他多次说过朱熹的"理"不是"精神"，不是"观念"，更不是"心"等。

我那时也关心这类问题，1983年初的时候我就写了一篇文章《试论中国哲学史上的唯物主义和反唯物主义》，认为从老子到朱熹，中国哲学形上学主要的传统是以"唯道论"为形式，不是以精神和理念为世界本源；意在强调尊重中国哲学的特点，矫正把恩格斯"哲学基本问题"的说法当做教条的状态。这篇文章张先生看过后还是肯定的，也在几十个小地方作了修改，并把题目改为《试论中国哲学史上两条路线斗争的特点》。可见张先生对此文的修改是十分认真细致的。所以，1984年在河北蓟县开中国哲学史年会时，张先生就带我去参加，我在会上就讲了这篇文章。不料讲过后，中国人民大学的一位先生在评论中批评我的观点"出了圈"，张先生当时在会场上也有点紧张；但在那个时代，在这个场合，在这个问题上他也不好替我说话，这也是他在场着急的原因。由于主观和客观的原因，这篇文章最终也没有发表出来，我就把这文章一半的意思写在了博士论文第一部分的末尾，张先生也未加反对。

从这件事可以看到，张先生不仅自己对苏式哲学史始终不满，他对我们突破日丹诺夫教条的各种尝试也是支持的、鼓励的。

四

由于我们是第一届文科博士生，在综合考试方面没有任何经验，所以临到综合考试的时候，我也没有作细致的准备，只是跟博士生入学考试的准备差不多。结果，在博士生综合考试口试的时候，西方哲学齐良骥先生和王太庆先生问的问题我都答出来了，张先生问的第二个问题我却完全没有把握回答好。张先生问王船山的体用观有何特点，我含糊其辞地说了一通，张先生也没再说什么，但我自己知道并没有答到要领。我以前虽然看过张先生写的王船山的论文，但由于自己没认真下过工夫，不能深入理解其中的问题。口试虽然得了高分，但给了我一个教训，王船山是不能轻易谈的。后来我跟张先生谈起，张先生说，王船山他在山里写书，也不和别人讨论，所以很难懂。

在读博士生期间，张先生也曾要我们帮他写文章。

1983年夏，与张岱年先生摄于北大西门外西餐厅

这类文章的情形是这样：张先生已经就此题目写过论文，但刊物索稿太多，故张先生要我们照他已发表的论文的意思，再重写一遍。其中也含有锻炼我们的意思。如1983年，张先生要我替他写一篇方以智的论文，拿他在《天津师范学院学报》上发表的文章的意思改写一下。我从张先生那儿借了《东西均》，细读一过，有了些自己的看法和理解，于是在文章的前面全用张先生的意思讲《物理小识》，中间论《东西均》核心思想的地方都加用了我的分析。张先生不仅未加否定，还将文章径拿给《江淮论坛》发表了，而且署的是张先生和我的名字。此外，

张先生把稿费也全部给了我。那时，我们的名字能和先生的名字并立发表，这已经是不敢想的事；而稿费也交由我们"独吞"，这更可见先生对我们的照顾。张先生的这一类对学生或后辈的照顾，曾施之于很多人，充分体现了老一辈学者对后辈学生的关爱，在学界广为人知，在这里就不详列举了。

在学术上，张先生更是主动为我们着想。1984年，一次在香山开会，杨曾文同志跟张先生说起，一位美籍学者的文章说国内一个同志发现了朱子语录的资料，我当时随侍张先生旁边，张先生右手一指我说："那就是他呵！"也是在这次会上，张先生主动向中国社会科学出版社的黄德志女士推荐我尚未写完的博士论文到该社出版。当时青年学者出书甚难，我的书能在中国社会科学出版社出版，其最初始和最根本的启动力量就是来自张先生的主动推荐。

到了1985年，我们第一届博士生通过博士论文答辩，两个月后，未等我们去请序，张先生已经主动帮我们写好了序，把我们叫到家中交给我们，并且带着比较满意的心情说："你们现在都能自立了。"这既是对我们的能力和已经取得的成绩的肯定，也表示圆满完成了对我们的培养工作的欣慰。

我当时想，此前都是在先生的翼护下发展，今后我们要独立发展，迈入个人成长的新的阶段。所以，我在1985年9月写了《熊十力哲学的体用论》并请张先生阅正，张先生肯定了我对熊与斯宾诺莎的比较，但在最后加了一句话："熊氏未必研究过斯宾诺莎哲学，但基本观点确有相近之处。"使得论点更为严谨。从那以后，我就没有再请张先生为我阅改、推荐作品了。

我那时很乐意帮张先生做事，张先生也有时给我些小任务。比如1984年冬天，一位同志把他的有关朱熹事迹考的书稿寄给张先生审看，张先生就让我来看，我看后列举了书稿中的十几处错误，交给张先生。1985年，他要去上海开会，讨论《中国哲学辞典》，他就要我先看看，有什么问题；我就翻一遍，挑出一些错误或不足之处，写在纸上，交给张先生备用。

我也替张先生给青年学生回过信。据现在浙江大学任教的何俊同志说，1986年，他收到了张先生的回信，看笔迹似乎就是我写的。顺便说一下，由于跟张先生学习，看张先生字的机会多了，我在1983年以后写的文章，在最后一遍誊写时，写字颇模仿张先生的字体。张先生的钢笔字浑厚饱满，令人心仪，我常常有学习之心。可是我写字的基础功夫不厚，写字时往往心急，所以始终没学好，而且我的字偏瘦，可谓字如其人。我写的字模仿张先生这一点，1986年在北京爱智山庄开会的时候，社科院的谷方同志也看出来了，这也可见张先生的字颇为学界同仁所注意。

五

1985年夏天，我顺利通过答辩，获得博士学位，重回系里教书。在教课之外，教研室安排我做冯友兰先生的助手，此前是李中华做了两年。我在上研究生时便曾几次拜访过冯先生，这次是中华带我去，并正式介绍给冯先生做助手，宗璞还特地问我："你愿意来吧？"

初次和冯先生谈工作，冯先生让我把他刚写就的《新编》第四册的稿子拿回去看，提意见。第二次去时，我就向冯先生谈我的意见。过了一阵子，在图书馆前碰到张先生，张先生说："冯先生说'陈来到底是个博士！'"看样子张先生刚从冯家出来。知道冯先生对我的肯定，张先生也颇为满意，要我好好给冯先生帮忙。

这年秋天，张先生召集方立天、程宜山、刘笑敢和我四人到他家，说罗素写了《西方的智慧》，我们可以写一本《中国的智慧》。这是我参加撰写由张先生主编的第一本书。分工后各自负责，我承担的宋明部分都是我在1986年春夏学期一边教中国哲学史课一边写出来的，所以我的课实际是按我写的《智慧》的部分讲的。写好初稿后交张先生，我写的部分里，张载的一篇，张先生批了好几处"很好"，其他各章好像最多只有"好"，没有"很好"。张载是张先生的专门研究对象，张载的一章能得到张先生的"很好"肯定，我就已经很满足了。

大概在1986年的时候，张先生还要我参加他主编的《中国伦理学史》的写作。在教研室开的会上，张先生还说："陈来对伦理学有体会，他的第一篇文章就是谈伦理学的。"这指的就是我在报考研究生时寄给张先生的文章，其实这篇文章张先生1979年夏天已还给我，张先生在多年后仍然记得我的习作，而且给我以鼓励，张先生对学生的这种提携，令我永远难忘。只是我在1986年赴美，以后并未参加此书的写作，而赴美的推荐信仍然是张先生写的。我赴美后，我内人曾代我去看望张先生，结果张先生在我内人面前把我对朱熹的研究大大表扬一番，甚至说了"朱熹研究，世界第一"的话，这对于我是很意外的，从这里也可以看出张先生育人的特点。

六

以上所述为1978年到1985年我在研究生和博士生时期与张先生的受教往来，可以看到，从研究生的考取，入门的指引，文章的推荐，毕业的留校，博士生的指导，博士论文的出版，张先生确实是我的恩师。张先生总是亲切地给我以鼓励，并为把我引入学术道路花费了不少心血，这一切使我铭记在心，感念不忘。而回想起来，上世纪90年代以来，我为张先生所做的事，实在是太少了。从客观上说，清华的刘鄂培等几位老学长以清华思想文化研究所为基地，主动策划和承担了张先生论著的出版，和逢五逢十的庆寿活动，使我们得以坐享其成，产生了依赖思想；从主观上说，就是对老师关心不够，这是无可推脱的。

1980年代末期以来，由于在文化问题上我对儒家价值认同较多，通常被学界视为"文化保守"的代表，而且我所研究的对象，也大都不是所谓"唯物主义"。我猜想，从理想的角度来说，张先生对我的发展方向也许不无一丝遗憾；但张先生对我的发展非常宽容，从未对我表示有任何不满意的地方，这也是我特别心存感激的。

其实，张先生固然很注意阐扬古代唯物论和辩证法，但张先生晚年更重视阐发儒家的价值观；张先生九十年代初关于"国学"的定义和阐发是我在九十年代有关国学发言的主要依据。所以，在对儒学和国学的基本看法上，我和张先生是一致的[①]。更重要的是，直到今天，在中国哲学的理解和诠释这一根本问题上，我自己的研究方法始终信守和实践着张先生的治学方法，并以此指导我的学生。

我认为，张先生在国内外学术界的崇高地位与影响，绝不仅仅是因为他阐扬古代唯物论、提倡综合创新，而主要来自于他对中国哲学的精湛研究，来自他对中国哲学

①张先生为主编的"国学丛书"出版后，国内一系列以"国学"命名的出版物接连出现，1993年《人民日报》针对当时商品经济大潮对学术的冲击，也报导了北大学子从事国学研究的情况。这引起一些反对传统文化的人的注意，一家杂志刊登文章，认为"国学"的概念是排斥社会主义文化的可疑观念。我看后对张先生说，您在"国学丛书"的序言中已经把国学的概念讲得很清楚了，怎么说是可疑的概念呢？张先生说："现在看来有种种误解，研究国学不是复古，你可以跟他们打个电话。"于是我就打电话给杂志的主编，反映我们对这种提法的不满，但我并没有说是张先生建议我打的。不过，这些误解不仅没有消除，反而引起了这家杂志后来对包括我在内的一些同志的批判，这倒是我们始料未及的。

思想资料的全面把握和准确诠释。在这个意义上，我可以自豪地说，我是张先生治学方法的正宗传人。

我从张先生学到的治学方法，说来也很明白，这就是张先生在1978年给我们研究生上课时就讲过、以后经常重复的司马迁的名言："好学深思，心知其意。"就是说，读古人书要仔细体会其原意，并用"解析"的方法加以严谨地分析、表达。我的博士论文，自信可算是张先生治学方法成功运用的一个例子。

在1980年代中期，我们不太懂得写书可以献给自己敬仰或亲近的人，所以我的博士论文在中国社会科学出版社出版时，就不晓得敬献给先生。后来出国看书多了，才注意到这点，所以1990年《朱熹哲学研究》在台湾出版时，我就在扉页写上"谨以此书献给张岱年先生"，并在台版后记中说："我的导师是张季同（岱年）先生，先生治学，一主太史公所谓'好学深思，心知其意'之旨，最讲平实谨严，在本书中可以明显看到先生治学之方对我的影响。"1996年，我编《自选集》，在自序中也提到张先生对我的影响。1999年，张先生九十寿辰，由我发起、组织和主编了《中国哲学的诠释与发展——张岱年先生九十寿庆论文集》，北京大学出版社出版，其中我写的一篇，在文后附记中说："张先生育人，最强调'好学深思，心知其意'，我称之为八字真经。我个人从张先生所得全部训练，亦可以归结为这八个字。欣逢先生九十华诞，谨以此小文庆贺之，从中亦可看到先生治学之方对我的深刻影响。"

这些年来，我写了不少书和论文，在海内外学界都得到同行的肯定，算是有些成绩，没有辜负先生的栽培；而我看自己的著作，无论主题有何变化，自度所长，和成绩之所以取得，仍然在于能较好地掌握先生提倡的治学方法。

近年，我曾和友人闲谈说："张先生门下可以说有两派，一派是综合创新派，一派是心知其意派，我算是心知其意派。"在纪念和回忆张先生的时候，我强调这一点，也是以我自己做例子，希望中国哲学研究领域的后来者能认识张先生治学"金针"的真正所在，少走弯路，在中国哲学史的学术研究上取得更多更好的成绩。

2004年5月6日初稿于北大蓝旗营

2004年7月18日改定

我所知道的陈荣捷先生

陈荣捷先生，1901年8月18日生于广东开平。这位战后北美最著名的中国哲学研究家，在即将迎来他的第九十三个生日的时候，于1994年8月12日，安然度完了他的最后岁月，在美国匹兹堡市布列度医疗中心溘然谢世。

一

陈先生生于广东开平县三江乡南溟里。他的父亲早年赴香港谋生，后转曼谷，于1881年渡美，在俄亥俄州建洗衣馆，以克勤克俭的精神，立业成家，每四年返国省亲一次。陈先生五岁入南溟里私塾开蒙识字，后入乡之大馆。少年时勤苦好学，热心追求新知识，父亲从美国带来的新生活方式和新事物新知识，从小造就了他的开放的心胸。

陈先生于1917年入广州岭南中学，1919年参加广州学生的"五四"运动。1920年代表岭南中学参加广州学生联合会，并被选为该会部长，经常深入民众，发表讲演。1921年入岭南大学，课余服务于工人夜校，任副校长。1922年曾与岭南大学同学十余人共同创立"中国文学研究会广州分会"。

1924年，先生在岭南大学毕业，授文学学士学位。同年秋天，与岭南同学李蕙馨女士结伴赴美留学。先生入哈佛大学修文学，李女士入波士顿新英伦音乐学院修习钢琴。1925年，先生改入哈佛哲学系，主修美学与西洋哲学，1927年获硕士学位。1928年与李女士结婚。1929年，以"庄子哲学"的论文通过笔试和口试，获哈佛大学哲学博士学位，夫人亦于同年毕业于音乐学院。1929年夏夫妇双双学成归国。

1929年秋，先生任岭南大学教授，不久任校务秘书，1930年任岭南大学教务长，协助钟荣光校长发展校务，建树良多。1935年，先生应美国夏威夷大学敦邀，前往讲授中国哲学，1936年秋任夏威夷大学访问教授，1937年改任夏大中国哲学教授，1940年兼任夏大哲学系主任。

1942年，夏威夷大学因太平洋战争暂时停办，先生时欲东归报国，因交通阻滞竟未果。遂应新罕布什尔州（New Hampshire）常春藤盟校之一的达慕思学院（Dartmouth College）的邀聘，往任该校的中国文化哲学教授。次年，接受该校所赠荣誉硕士学位。达慕思学院是美国较早特聘教授讲授东方文化之地，在陈先生之前主持达慕思学院东方文化讲座的教授是有名的大卫·拉铁摩尔。拉氏1943年退休，陈先生即继之而来。1948年，先生返祖国，访各地，了解战争及战后的各方面情况。

1951年，先生任达慕思学院文科主任（如文学院，下设九系），中国学者在美国著名高等学府担任重要职务可以说是从先生开始。1966年，先生照达慕思学院制度退休，学院赠与中国思想文化荣誉教授，后（1980年）达院更赠先生以人文荣誉哲学博士。1966年9月，应宾夕法尼亚州匹兹堡市的彻谈慕（Chathm）女子学院之聘，出任该院Anna R. A. Gillespie讲座教授。先生因此校不必承担行政责任，而校园幽美，又酷似岭南及达院，故乐往就之。1971年，先生七十岁，彻谈慕女子学院讲座任满，改无定期。1981年，彻谈慕学院选先生为Buhl Foundation荣誉教授。1982年由彻谈慕学院退休，赠与荣誉教授。先生还曾获华巴斯学院（Indiana, Wabash College, 1987）荣誉博士学位。

1965年，先生即接受哥伦比亚大学中国思想访问教授之邀，1975年任哥大中国思想兼任教授，与狄培瑞教授共同讲授宋明理学，直至1991年。1975年后，先生任美东理学研究组主席。

先生1978年当选为"中央研究院"院士，1980年当选为亚洲及比较哲学会会长（任两年）。1939年，先生与美国哲学界知名人士数人创办了"东西方哲学家会议"，至1989年已举行过六次会议。先生长期担任《东西方哲学》期刊编辑团委员（1950—1967），后任顾问（1967—1994）。

二

先生一生著述甚丰，英文著作计有：《现代中国宗教之趋势》（1949），《中国哲学历史图》（1956），《中国哲学大纲与附注书目》（1959），《陈荣捷哲学论文集》（1969），《朱熹的生活与思想》（1987），《朱熹新研》（1989），《中国哲学论集》（1994）等。

中文著作计有：《朱学论集》（1982），《朱子门人》

（1982），《王阳明与禅》（1984），《王阳明〈传习录〉详注集评》（1984），《朱子新探索》（1988），《朱熹》（1990），《〈近思录〉详注集评》（1992）等。

英译中国经典计有：《传习录》（*Instruction for Practical living*）（1963），《老子》（*The Way of Lao Tzu*）（1963），《六祖坛经》（*The Platform Scripture*）（1963），《中国哲学资料书》（*A Source Book in Chinese Philosophy*）（1963），《近思录》（*Reflection On Things at Hand*）（1967），《中国哲学》1949—1963（*Chinese Philosophy*, 1949-1963），《陈淳性理字义》（*Neo-Confucian Terms Explaned, by Chen Chun*）（1986）等。

据不完全统计，先生的中英文论文近160篇。

《中国哲学资料书》一书在美国流行极广，为学习中国哲学者的必备之书，此书44章，856页，有词必释，有名必究，有引文必溯其源，附注达三千余条，对重要观念文句，每加评论，并指出其在中国哲学史上的地位。先生是英语世界翻译中国哲学名词范畴下力最巨的学人，其译法在英语世界堪称典范，深受学者的重视。

先生在达慕思退休前，正是美国的中国哲学研究起步之时，先生屡屡受邀撰写各种百科全书的中国哲学部分。如《大英百科全书》的"中国哲学""儒家""道家""理学"等。六十年代西方百科全书的中国哲学部分几乎全部是由先生执笔撰写，1966年，先生任《哲学百科全书》中国哲学主编，该书为世界哲学界联合组编，以世界哲学权威人士为编辑委员，书成凡八册，500万字。先生被欧美学术界誉为介绍东方哲学文化思想最完备的大儒。

先生是四十年来美国中国哲学研究的重要推动者和领导者，东西方文化哲学沟通的元老，亚洲哲学的权威。而在推动理学研究方面，贡献尤大。1966年，狄培瑞教授主办"明代思想国际研讨会"，会议文集由狄培瑞主编并题献先生。1970年狄培瑞在意大利召开"17世纪中国哲学国际会议"，1972年夏威夷大学召开"王阳明哲学国际会议"，1974年美国学术团体联合会与狄培瑞主办的"中日儒家实学思想国际会议"，1977年杜维明主办的"清代思想国际会议"，1978年陈学霖主持的"元代思想国际会议"，1981年狄培瑞主办的"韩国思想国际会议"等，先生都是积极的参与者和推动者。1982年，先生创办"国际朱熹会议"于檀香山，传为一时佳话。1989年，第六届"东西方哲学家会议"在夏威夷东西中心举行，也是先生只手促成。哥伦比亚大学的理学研讨会每周一次，狄培瑞主持，先生每次必到，中午从匹兹堡来，自备三明治，下午研讨会结束，戴夜色而归。

先生自己说过："我在美讲授中国哲学五十年，曾历四时期。一为介绍中国思想，二为翻译经籍，三为讨论中国哲学范畴，四为研讨朱子。"美国五十年代后开始研究和学习中国思想的学者，无不受惠于先生，或出其门下，或受其奖掖，或得其指点教益，旅美华人学者承其照顾尤多。先生对青年学人非常热情，有问必答，和蔼可亲。

先生以毕生精力在海外传播中国哲学与中国文化，四十年代之后，虽身籍美国，而其心念，未尝不系于祖国及祖国文化。先生曾有诗：

> 海外教研四秩忙，攀缠墙外望升堂。
> 写作唱传宁少睡，梦也周程朱陆王。
> 廿载孤鸣沙漠中，谁知理学忽然红。
> 义国恩荣固可重，故乡苦乐恨难同。

"梦也周程朱陆王"不仅说明他对宋明理学的关

切，实际上更表现了他对中国文化的深深眷顾。一句"义国恩荣固可重，故乡苦乐恨难同"，把先生那令人崇敬的人格与情怀显露无遗。

先生青年时在广州时常讲演，二战期间，1944年曾承赛珍珠女士之约，在美国东南诸州巡游讲演，故极具讲演之才能。我在第六届东西方哲学家大会上曾亲耳聆听先生的讲演，先生中英文皆运用自如，声音有力，亦庄亦谐，感人真切，听讲者皆赞不绝口。

先生既是诲人不倦的导师，又是律己端谨的儒者，生平不烟不酒，但无一日不读书，待人接物，极为可亲。先生数年前在台北接受一项奖金，立即捐赠学校，他曾告诉我，身后将把所有的藏书赠送给哥伦比亚大学。

三

在当今中国哲学研究领域中，陈老先生是我最为敬重的前辈学者，他不仅学术成就享誉四海，而且德高望重，有口皆碑。我以晚生蒙先生知，受其恩惠甚多。

1981年，我翻译了陈老先生英文论文，时逢先生来杭州开会，便将译稿交邓艾民先生面转先生审看，先生不仅对我的拙劣翻译未加批评，反而以"译文甚精"给以鼓励，使我喜出望外。1983年，先生为《中国哲学年鉴》撰写大陆中国哲学研究评述，竟对我一篇小文特别加以奖掖，更使我深受鼓舞。1986年我初到哈佛，即致书先生，先生在台北途中复信给我，多所指教。1987年春，先生来波士顿参加亚洲学会，特邀我共饭，我即以朱熹博士论文奉呈请正。别后先生书来，颇加赞许。我又以《朱子书信考证》一书请序，先生亦慨然应允，未久即赐下。1988年，因先生之故，我曾至哥伦比亚大学讲学，每周皆得与先生见面。回国之后，与先生保持联系，每月皆有书信往还，所说无非学问之事。

1989年夏参加东西哲学会议，我以新印《朱子书信考证》一书呈先生，先生竟于会议期间为拙书制作一份索引，使我无比感激与惭愧。1989年秋，先生来京参加纪念孔子诞辰2540年，曾与总书记会见。会后，先生邀我陪同参观中国农业科学院种质库。适时在风波之后不久，我观先生，处此极具历史眼光，非常人可比。次年冬，先生以九十高龄来武夷山参加朱子会议，我虽未去，先生为拙著《朱熹哲学研究》作一书评，屡加称许，使我感激不已。后来拙著《王阳明》写成，蒙先生允许，得以敬献先

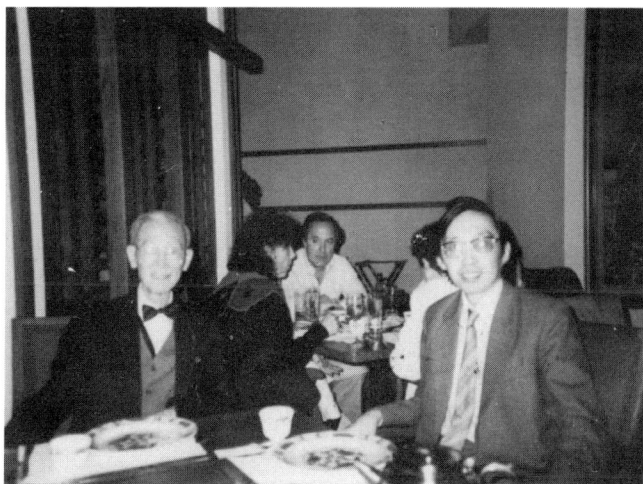

1987年4月，与陈荣捷先生摄于坎布里奇常熟饭店

生、略偿报答先生的心愿。

然至1992年夏，忽忽久不得先生音讯，心中甚惑，秋中在台访问，因朱荣贵兄得知，先生以外出时跌倒致疾住院，对健康影响甚大。我闻此消息，忧心忡忡，而数次致书先生，皆未见回。无奈，惟有私祝其早日康复而已。

8月23日，杜维明教授来，告及陈老先生日前病故，闻之惊愕，欷歔良久。8月26日接狄培瑞教授信，正式通知：先生于8月12日逝于家中。8月30日又接朱荣贵兄函，且寄示《中国时报》唁闻。从先生临终的情况看，应当说是无疾而终，但每想到他的这么快离去是因两年前的跌倒所引起，不免悲痛惋惜，以先生三年前的健康来看，若不是那次跌倒，他的寿数超过百岁是没有问题的。数日以来，每一思及，辄为之黯然，不能自已。

先生为人清严平正，对后学极尽奖掖之力，一生致力中国哲学思想的研究、介绍，治学十分严谨。所著《朱子门人》《朱学论集》《朱子新探索》，为本世纪朱子学研究的最重要成果。在中国哲学思想研究领域中，先生是唯一在中文世界和英文世界并执牛耳的卓越学人。

先生静静地离开了我们，但他的学问、精神将不朽于世。

1994年9月2日初稿，11月29日改定

（原载《现代与传统》1995年第2期）

纪念任继愈先生

　　7月4日，中午要飞台北，所以早上先打开电脑上网看看新闻。点击《联合早报》的新闻，见载"著名哲学家任继愈逝世"的消息，心中一动，想起到台湾电脑使用可能不便，不如行前在博客上写几行字，纪念一下任先生。现在网上新闻很多，特别是政治新闻，往往都不可靠，《联合早报》我以为是比较严谨的一份报纸，所以我常常上该报的网站验证消息。但是这次早报网的消息是链接一个佛教网的消息，其中说任先生于"前天去世"，这使我产生怀疑。因为7月2日我在香山开会，我的旁边就是国图的副馆长陈力同志，当天中午医院报病危，所以他曾离会一段去了北京医院看任先生，但回来并未说任先生去世。7月3日，我们一起又开了一天会，都没有提起任先生的事，可见这个消息不可靠。于是我又到新浪、搜狐、国家图书馆、社科院宗教所的网站查看，都无此消息。于是我断定此消息不确，庆幸没有造次。

不过任先生病而住院，我是知道的。5月时北大网站报导校领导去医院看任先生，似乎任先生病情颇重。因此之故，我打电话请学会的张利民同志去打听住在哪家医院，以便去探视。5月27日，我和利民同志去北京医院看任先生，进门看任先生在睡，稍间醒来，我即上去说话，问好，任先生睁眼看见我，说"今天没办法跟你细聊了"，说完又闭眼睡去。看护的阿姨说任先生住院以来，晚上不睡，白天一直睡，昼夜颠倒。于是我到医生办公室，跟医生询问了病情的状况，我当时的印象是，这次住院，恐怕出院很难了。回到病房，过了一些时间，阿姨叫他起来喝水，上洗手间；又到了吃饭时间，我们想让任先生抓紧吃饭，不便打扰，就告辞离开了。总共停留一个小时多一点，基本上没有谈什么话。

7月11日，任先生因病不治，逝世于北京医院，终年九十三岁。第二天我得到消息，但我人在台湾，无法前往祭奠告别，只能奉上一瓣心香，遥祝先生走好。

我跟任先生的关系并非一般的认识。1981年我研究生毕业，论文答辩委员会的主席是任先生，任先生给我写的评语，我还记得有两句话："有说服力，有创造性"，这是对我的巨大鼓励。我们这一届八个同学的论文答辩，任先生只参加了我的答辩。1985年博士论文答辩，仍然是任先生来作答辩委员会主席，对我的论文给予了充分的肯定。这一年的博士答辩，任先生仍然只参加了我的答辩。任先生跟我的这种关系，用封建时代科举的说法，就是座主跟门生的关系，所以二十多年前，我写信给一位朋友，说起给任先生拜寿的事时，我说"两度门生，义岂可忘"，这代表了近三十年里我对任先生始终不变的心情。

1977年我报考北京大学中国哲学史专业研究生，自己准备考试的主要教材，是任先生主编的《中国哲学史简编》，也参考任先生主编的《中国哲学史》，所以那时已经对任先生非常敬仰。而且我的大姐夫在西南联大附中上学时，任先生和冯钟芸先生也教过，"文革"后他们一班同学还到任先生家去聚会。1978年，我们北大的中国哲学史研究生开课，任先生要他的几个弟子都来北大听课，所以无形之中似乎和任先生的距离也变得近了一些。1979年，任先生应邀来北大哲学系讲演，谈他对中国哲学史这门学科的认识，我们当时都去听讲，而且相当认真地做了笔记。那时，我们都读了任先生的《汉唐佛教史论集》，都认为任先生是专门研究佛教的。有一次，楼宇烈老师跟我们闲谈，说任先生本来是研究理学的，我听了以后，觉得很有意思。所以，后来我的答辩，系里和教研室都请任先生主持，我想这不仅因为他的学术地位崇高，也是因为理学和朱子本来是他的专攻。

念研究生和博士生期间，我都拜访过任先生，这一期间，我对任先生识人的高明，特别推崇。事情是这样的，在我们1978年入学北大上研究生时，有位南方某大学的青年教师亦于当年来北大进修，也在我们的课上听课。此君极善交际，堪称奇才，不但校内文科老先生们皆被他哄得高兴，对他表示欣赏，校外在京中国哲学史学界的领导人物也都被他的忽悠所迷惑，跟他的关系相当密切。但是老先生之中只有一位不为所动，那就是任先生。这位青年教师还善为奇诡之事，后来事发自尽，也不必说了。那时我跟任先生说起，任先生说，这个人来，谈的都不是学问的事，只是说一些吹捧的话。这一点，使我对任先生非常敬佩。我跟任先生谈话，印象最深的有二：一是他于1942年开始教书，对他教过的西南联大、老北大的学生他都有评论；二是他对他能南渡到昆明参与西南联大的八年艰苦生活，非常自豪。

1986年5、6月间，忽一日收到任先生给我的信，要我约同学刘笑敢一起去他府上谈谈。我们便去了，任先生问我们现在都在做什么，我说我要到美国做访问学者，等等。原来，任先生的《中国哲学发展史》的写作，进入到一个新的阶段，编书组的老成员有些年纪稍大，编书组成员这时需要做些调整，所以任先生想看看我们有没有可能参加编书组的工作。但任先生听到我们各自的计划安排后，也就没有再多说什么。只是跟我们说，他那里也有学术沙龙，欢迎我们去参加，等等。

此后因我出国时间较多，也就没有参加过任先生的沙龙，又由于我成天满脑子都是写书写论文的事，所以跟任先生见面的机会也不多，多是在各种会议上跟他问安，把新出的书呈送给他。但任先生还是很关心我的。记得1997年冬天，一次在国林风书店有个座谈，任先生也来了，我忽然想起，我的《古代宗教与伦理》一书，不记得有没有送呈任先生，于是就请问任先生，任先生说："没有，你的书我都很注意。"于是我赶紧在书店里买了一本请任先生指正。

2004年张岱年先生逝世之后，我编《不息集》纪念张先生，请任先生撰稿，以刊于卷首。2004年11月我去任先生办公室去取稿子，任先生和我谈了许久。12月底，任先生又寄来修改稿，附言：

　　陈来同志：

　　　　祝新年好！纪念张先生文，寄上改正稿，原稿，方便时寄还即可。

　　　　此致

　　敬礼

　　　　　　　　　　　　　　　　　任继愈

　　　　　　　　　　　　　　　　2004.12.28

　　任先生在纪念张先生文中也没有忘记对我加以奖掖，他说："张岱年先生在哲学史教学方面，未能尽其所长，但他培养研究生、教育青年学者成绩卓著，比如他带出来的博士陈来就是其中的佼佼者。"这都体现了任先生对我这个老门生的爱护。当然，我觉得这也说明任先生对培养出优秀学生这件事是很在意的。2005年4月25日，在北大召开了《不息集》出版座谈会，应我的邀请，任先生特来参加，这是对我们的很大支持。

2006年4月27日，与任继愈先生摄于国家图书馆

与冯友兰先生在冯家，1986 年夏

其实，任先生的身体一直很好 。上世纪八十年代中期，任先生跟我谈话，说张先生（岱年）看起来是个儒者，他的意思是说张先生的面貌、行动、气象是和从前的儒者差不多，是不爱活动的，而他说他自己从年轻时起，便喜欢体育运动。自然，一个常常跑步的人，即使是学者，他的跑步的面貌，当然是很难和"儒者"的形象联系起来的。前几年，他九十岁的时候，仍然看起来身体很好，特别是步履不老，冯先生（友兰）、张先生（岱年）九十岁的步履都不能跟任先生比。任先生九十岁时我跟他的照相合影，可以看出他身体的轻健。我那时想，照任先生的这个状态，寿数应当是要超过冯先生、张先生的。

今年春节，我从台湾讲学半年回来，因为已担任了新一届中国哲学史学会的会长，所以想去任先生家拜年，顺带请教学会的工作。但又怕春节拜年人多，就想过年后再说。但后来再打电话问时，说任先生已经住院，本以为任先生不过住个把星期而已，没想到最后竟未能出院。按理说，任先生高寿至如此，是大家都羡慕的，但以我们大家对他身体的印象，终究觉得还是走得早了一些。这恐怕就是"寿夭有命"吧。

还在我上研究生之初，看到《哲学研究》上任先生写的一篇文章，其中说新中国成立以后，他信从马克思主义，就跟他以前的老师说，今后他不再相信旧哲学，要走新哲学的路（大意）。我当时读了以为是指汤用彤先生，后来读书渐多，始知乃是熊十力先生。据任先生说，他从前也跟钱穆先生亲近过。任先生在北大毕业，在西南联大念研究生，但早期思想并未受胡适的特别影响，而是与熊十力、贺麟等来往颇多。他早期研究理学，后研究佛教，再研究老庄，所以他对儒、释、道三家都能进行研究。而其中，佛教的研究是他和其他中国哲学史大家区别的主要指标。如冯先生、张先生都不研究佛教，而长于宋明哲学，任先生则在汤用彤、熊十力的影响下，曾用力于佛教的研究，这也使得他有条件向宗教学的一般研究发展，成为我国宗教学科的创始人。这也许算是那个时代北大传统和清华传统的不同吧。

任先生主编的《中国哲学史》四册，是"文革"前中宣部、教育部组织编写的大学教材，前三卷出版于"文革"前。该书作者队伍汇聚了北大、社科院、人大的中国哲学史教师，在当时堪称一流。从形式来看，此书结构细密，叙述精审，这部书奠定了任先生在中国哲学史学界的崇高地位，而当时他不过四十五六岁。"文革"中，1973年以此四册为基础，又吸收了汝信、李泽厚等参加编写，主编完成《中国哲学史简编》，在叙述上更上层楼，进一步确认了任先生在这一领域的权威地位。自然，这与任先生作为党内专家的身份有一定关系（冯友兰先生等当然也是权威，而在彼时被作为资产阶级权威而加以批判否定）；但是，就学术而言，冯先生、张先生而外，任先生确实是这一时期的不二人选。而且就主编的工作说，任先生的组织能力之强，是当时的老先生们不能相比的，这在他后来的编书工作中更突出地表现出来了。因而，这些历史的使命落在他的身上，是有其理由的。所以在张先生担任了三届中国哲学史学会会长后，任先生被大家一致推为会长，而且也作了三届，那是学界的公论：他早已成为中国哲学领域的一代宗师。院系调整后，直到"文革"前，在北大哲学系中国哲学研究生毕业的学者，大都是他的学生，今天他们都已经超过七十岁了。

"文革"以后，任先生又主编《中国哲学发展史》，认为六十年代四卷本是教科书，讲的是比较简明的知识，对学界有争论的大问题避免采入，所以不深入；而《发展史》是要站在八十年代初的认识水平，写出更详尽的哲学史，而所谓《发展史》就是注重其逻辑的过程。该书导言还强调，《发展史》不是教科书，是一家之言，这一家之言当然是以任先生为主导的一个写作集体的一家之言，也可以说是一个学派的一家之言。虽然发展史的前三卷出版于1984年、1985年、1988年，但该书写成的部分早已在期刊上发表，在学界发生了很大的影响。

在八十年代前期，在任先生的领导下，《发展史》写作集体构成了一个学派，是当时中国哲学史界最有活力、最有思想、最有水平的一家，我们那时研究生毕业不久，无不受到它的影响。可以说，中国哲学史的通史的写作，至此而登峰造极。当然，《发展史》也有其局限，这就是《发展史》仍然是通史，而《发展史》在写完第三卷时，中国哲学史学界的专人、专书、专题的研究开始遍地开花，而《发展史》以通史引领潮流的作用也就完成其历史使命了。

老一辈学者喜欢写通史，冯友兰先生是这样，任继愈先生也是这样。如果说冯先生"三史论今古"，有三种中国哲学史的著作，那么任先生也主编了三种中国哲学史的著作，这三史也差可与冯先生所著的三史媲美了，虽然他们都是一家之言。任先生所主编的三史证明，他是20世纪以马克思主义方法研究中国哲学的当之无愧的大师。

在中国哲学史的领域外，有关佛教、道教的研究，任先生有同样大的贡献，不过这就不是我所能置言的了。在研究之外，"编书"是任先生后期的一大工作，在《中华大藏经》外，各种大典、文献、资料、辞典，不一而足，任先生为此尽心竭力，死而后已，在中国文化建设方面贡献甚大，但也不是我能一一述说的了。

哲人其萎，谨以此文纪念任继愈先生。

2009年7月18日

追念季羡林先生

北大文科的老先生，本系以外的，我曾写过与邓广铭先生、周一良先生有关的文字。我也早就想写一点与季先生有关的事，比如就《牛棚杂忆》写些感论等。但季先生的帮手多，学生也多，仰慕者更多，前些年还成立了季羡林研究所，似乎也用不着旁人多说一点什么了。现在季先生仙逝，我也只能略表一些个人的感念。

我于7月4日离京赴台湾讲学两周，7月12日听闻季先生与世长辞的消息，心中虽有遗憾，但没有悲伤。反而为他能这般的高寿，又能这般没有痛苦地驾鹤而去感到庆幸，用句佛教的话说，这是季先生修来的福报！

其实我跟季先生不算很熟，第一次近距离接触他，是在二十年前。1989年5月中旬在香山开会时，我还记得季先生当时特别批评了以往"斯大林化"的一些影响，即对知识分子和文化的严厉压制，感觉季先生的思想是很解放的。我当时觉得，在北大的老先生里面，敢把这些话讲出来的，恐怕只有季先生。当时开会的照片，我前一阵在校史馆张岱年先生百年诞辰的展览上还看到过。季先生的敢讲话是闻名的，不仅为知识分子讲话，也敢于批评政府的教育方针。从上世纪九十年代初期起，季先生一直在电视和其他媒体上公开批评"国家重理轻文"；对政府领导人和教育部领导，他都当面为人文学术和人文教育呼吁过。

　　九十年代有很多编书的活动，季先生也主编了"东方文化集成""神州文化集成"等丛书。1993年春节在学校开会，在勺园门口碰到季先生，我跟季先生问好后，季先生主动提起编书的事，说要找些水平比较高点的中青年学者来参加撰写，当然这意思是要我也来参加一下。其实当时我跟季先生并不熟，好像没怎么说过话，而季先生对年轻人却记得很清楚，且主动跟你讨论。在这之后，记得有一次，季先生秘书李玉洁对我说："季先生一阵子没看到你和陈平原的文章，就会念叨。"像这样关心中青年学者的老先生，恐怕很难举出第二个了。1994年，《北京大学学报》为宣传北大学人，开始在《学报》封二刊登北大学人介绍，每期一位老学者，一位中青年；开始的第一期，介绍的是季先生和我，封二的上边是季先生，下边是我，我感到非常的荣幸。

1995年，我写完了《古代宗教与伦理》，交三联出版，收入"三联—哈佛燕京丛书"，按丛书的规定，需要先请专家推荐，赵一凡为学术委员会常务，一凡兄就要我就近送季先生写推荐。季先生是老先生，也是此丛书学术委员会的主任，本来是不好意思请他的，但一凡如此说，我就只好带了两章稿子去找季先生（也不敢多带，怕太劳动他）。见面后，季先生说："有的稿子，看了也不敢写；你的稿子，不看也敢写。"这个"敢"字用的特别传神，把季先生的朴实无华和对后辈的提携，全都表达出来了。

季先生给我写的推荐书全文如下：

在北大中年学者中，陈来教授是一个佼佼者。

据我个人的观察，研究中国国学的老一代学者中，博古通今而有卓越造就与贡献者，颇能举出一些人来。但既能博通今古又能融合中西者，则极为难得。居今之世，研究国学而不能通西学，其成就与贡献必将受到局限，此事理之至者。

　　陈来教授是一位既能博通古今、又能融汇中西的学者。他的著作之所以能引人瞩目，备受赞扬，其原因也就在这里。

　　他的新著《儒家思想的根源》（据他来信说，这可能还不是最后敲定的书名），正表现了我上面说的那个特点。我虽然只读了一部分他的原稿（因为全书还没有写定）。但是，仅从这一部分中，就能够发见，他对过去的许多中国大学者，比如胡适等都探讨过的问题，确有新的而且是言之成理的见解，可以称之为真知灼见。

　　我们丛书中收入此书，不但弥补了选题方面的不足，而且对中外学术界也是一个新的贡献。特郑重推荐。

季羡林

1995.5.10

　　季先生关于国学研究要博通古今与融会中西的主张，非常精当，我也深为佩服，但季先生的表扬，我实在不敢当。由于推荐意见要登在书的封底，于是我和三联的老编辑许医农商量后，她把其中的一句改为"是一位沿着博通古今、融汇中西之路奋进的学者"，这才觉得安心一些。从这个例子，可以看出季先生对中年学者不遗余力的表扬和大力的提携、支持。

1996年，三联书店把我也列入"三联—哈佛燕京学术丛书"学术委员会，此后，凡遇学术委员会开会，我就到三联跟季老、李慎之、王蒙等前辈一起讨论丛书书稿，这对本来不太了解出版编辑工作的我，是很有益的一件事情。每次开会，都是季羡林先生要我坐他在北大要的车一起去开会。而且，每次都是季先生特别要李玉洁同志通知我，安排要车先去燕北园接我，然后到朗润园接季先生一起去。从这一点，很可见季先生对后辈的细心关心和照顾。而回来时先送季先生到家，季先生下车后每次都站立挥手、等车开走，才转身进楼门。这是对人的尊重，司机师傅对此总是感慨不已。

自从我搬到蓝旗营后，因为出去讲学时间较多，到三联开会的次数也就很少了，但有时过年到季先生家拜个年，跟他要本《牛棚杂忆》什么的，总之见面机会很少了。最后一次是2002年10月下旬，在北大一院小会议室开"北京大学儒藏学术研讨会"。那天季先生、张先生都来了，我就坐在季先生左边。汤一介先生主持，我先发言，其中说"北大最有条件来编儒藏，因为我们有季先生、张先生这些国学大师……"，我说到"国学大师"，就看到坐我右边的季先生摇头，我就说"虽然季先生摇头，可是这些大师确实是我们的依靠……"等等。季先生发言时，提起我的话，说"我支持国学，可我不是国学大师"。可见，虽然我们出于尊敬他，常常称他和北大其他老先生一起为"国学大师"，但季先生自己并不同意这个称呼，并不是到最后这两年才辞谢这顶帽子的，我所说的就是一个例子。

季先生因病住301医院后，我也曾想去看看老先生，但多次听人说季先生很难见，大概要见他的人太多，医院为了他的健康，故管控较严。因此之故，想想老先生反正也不寂寞，也就放弃了。直到今年春天，因为要调往清华，很想找季先生一次，跟他报告，得到他的支持，而且我也相信，季先生一定会无保留地支持我去清华做国学研究院的事。可惜这期间出了丢画的传闻，一时间季先生那里更不容易去了，心说只好等等再看吧。不料，这一等，他老先生就遽然谢世了。这对我来说，是个不小的遗憾。

季先生虽然辞世了，他的朴直、亲切、平易的音容笑貌，他那敢言人所不敢言的率直风骨，他始终如一的知识

分子的爱国精神，他对后辈无保留提携的大师风范，将长
久地留在我的心中，不会磨灭。

2009年7月22日

邱汉生先生和《四书集注简论》

　　邱汉生先生是中国思想史学界的著名前辈学者,邱先生1992年去世,至今已十五年了。我认识邱先生是在1980年秋天,在杭州开的华东地区宋明理学讨论会上。那时我还是研究生,是跟着邓艾民先生去开会的,邱汉生、冯契等先生都参加了这次讨论会。冯契先生带了他的研究生陈卫平等几位,邱先生带了他的研究生柯兆利。邱先生在大会上作了报告,是关于周敦颐的思想,邱先生讲演很清楚,声音很明亮,笑声很爽朗,显示出他在讲课方面是富有经验的,虽然他在新中国成立后已经离开大学讲席多年。在我看来,他的讲课能力之强,即使在北大,也是很少见的。另外,他的文字,端雅整饬,也很有特色。

　　1981年邱先生来参加了我的硕士论文答辩,他给我

摄于1990年代初。左为邱汉生先生，右为张岱年先生

的论文的评语里有"独辟蹊径，发前人所未发"的肯定；
1985年我的博士论文答辩，也请了邱先生来参加，论文仍
然得到他的充分肯定。所以，说我是邱先生的门生，是没
有问题的。也因此，我曾经有好几次去位于景山的人民教
育出版社宿舍的邱先生家，向他请教学问。邱先生个人和
其家庭，生活平凡而俭朴，给我印象很深。

　　1980年，邱先生的《四书集注简论》由中国社会科学
出版社出版，邱先生的后记作于1979年7月1日，当时我们
与海外学术研究的联系基本断绝，邱先生正是在这样的

状况下独自研究《四书集注》。当我初看此书时，主要重视哲学分析的方面，故觉得此书哲学的分析还不够深。这应当说是哲学系学生的偏见。其实，评断理学研究的书，不能只有一个哲学的角度，在某些情况下，哲学甚至不必是一个主要的角度，而要统观历史、学术、思想等诸方面的问题意识和理解深度。当然，邱先生的宋明理学研究始于"文革"之中，故此书对于理学的有些看法，不能不受到当时流行思潮的影响；但除去这些，就历史事实的研究而言，此书对《四书集注》的研究确实是开创性的，也达到了较高的水平。而且邱先生在此书的后记中已经提出："论述宋明理学在思想史上的地位，分析宋明理学的积极的一面，俟诸异日。"正是在这样的思想指导下，由邱先生主要负责、历史所诸多学者合作撰写的130万字的《宋明理学史》，在八十年代中期得以完成。

去年我写有关《四书集注》儒学思想的文字，重看了邱先生的书，觉得其中有不少睿识，应予表出，以下是我随手摘录该书的几段：

　　元延祐年间，复科举，以《四书集注》试士子，悬为令甲。从此，《四书集注》成为必读的经书。书塾里不

但要背诵《四书》正文,也要背诵一部分朱熹的注释。科举考试要以朱熹在《四书集注》中的注释作为立论根据。(第1页)

邱先生很重视"经书",即今人所说的经典,注释是学者的诠释,科举考试则是制度化的形式,对经书的确立和注释的地位都发生了重要的作用。

唐代的官修"经书"注疏孔颖达的《五经正义》,是《易》《书》《诗》《礼记》《春秋》。北宋初年,《五经正义》仍然是官定的"经书"注疏。但是,北宋政府又派人校订了《周礼》《仪礼》《公羊》《谷梁》正义,重定了《孝经》《论语》《尔雅》三疏,官定经注的范围逐步扩大。(第3页)

注疏是对经典的解说,可见邱先生既重视经书,也重视注疏。特别是,他很注意经书范围的变化和历史变迁的关系。

《隋书·经籍志》《旧唐书·经籍志》《新唐书·艺

文志》，都列《孟子》于"子部"，与"经"地位悬殊。宋儒一反历代对孟子传统看法，把它超"子"入"经"，这不是对一部书的地位的偶然变动，而是出于政治上扩大、"经书"范围以及重新注释"经书"的需要。（第4页）

这就是说，《孟子》的抬高，是和宋代经书的扩大及重新注释的运动有内在的关系。这种看法很值得注意。

程朱抬出《大学》《中庸》《论语》《孟子》四书，作为一套"经书"，并为之作注，使之与"五经"并列，是封建统治阶级扩大经注范围，并重新注释"经书"，补充和加强思想统治的重大事件。（第4页）

经书的扩大，和注释的更新，邱先生认为是思想文化的重大事件。把"四书"和"五经"的地位进行对比，这是很有见地的。他还指出：

"四书"并行，是继董仲舒建议汉武帝罢黜百家，表彰"六艺"之后，学术思想史上的又一重大事件。董仲舒提出建议之后，"五经"立于学官，成为封建社会千古不刊的"经书"，取得了统治思想的最高地位。程朱表彰"四书"之后，"四书"风行天下后世，在"经书"中夺取了"五经"在教育里的垄断地位。封建社会后期，这样的事实，也是极可注意的。（第18页）

他指出宋代以后"四书"夺取了"五经"的垄断地位，认为这是学术思想史上一重大事件，这一看法的提出，是非常重要的睿见。

可见，邱先生所关注的，正是现在流行的所谓"经典与诠释"的问题，现在学者在"经典诠释"研究中考察的问题，他在当时都已经注意到了，只不过他所用的是"经书与注疏"的说法而已。

不仅如此，他对经典注释的具体研究也有贡献，如他就很重视朱熹注疏中引用前人的数量统计，以为对比：

朱熹在《中庸章句》中，主要是用他自己的话解《中庸》，很少引用别人的话。统计全书，引别人的话共十五处，而其中引吕氏的就有五处，其次引二程的四处，包括卷首总论在内，引郑氏的三处，其他杨氏、游氏、张子各一处。可见朱熹的《章句》承袭吕氏的《中庸解》为

独多，这是颇可注意的一点。（第15页）

他还指出：

《论语集注》，根据前三篇六十六章的统计，可以得出如下认识：

（一）引二程最多，引程门大弟子尹焞、谢良佐、游酢、杨时也较多。也有不少朱熹自己的注解。

（二）引到的人于二程称程子，于程门弟子称某氏，于非程门弟子或晚辈的理学家称其姓名，如张栻。这里划分了师友尊卑以及不同的学术师承。但注释名物字义，引宋以前的注家亦称某氏，如马氏。

（三）主要引理学家对《论语》的解释和发挥，极少引汉魏隋唐的注家。

（四）主要发挥义理，不多在名物训诂上用功夫。

这就清楚地表明，朱熹注《论语》，那时以理学家的言论思想，特别是二程及程门弟子的言论思想来注释《论语》，这样做的结果，就把《论语》纳入了程朱理学的轨道，完全代替了汉魏以来对《论语》的解释。这是极可注意的一个特点。"（第31—32页）

以上是我的几条摘录。另外，在此书中，邱先生对朱熹有关"化育流行""圣贤气象"的思想很为注意，显示出他对朱熹思想的内在了解。他对华严义理对理学的影响也作了较深入的研究。这些，在那个时代都是很难得的。

2007年2月22日

邓艾民先生和他的《传习录注疏》

艾民先生的书终于要出版了。

现在海内外的朋友多知道我和冯友兰先生、张岱年先生的关系，但很少有人知道我和邓艾民先生的关系。

艾民先生是我硕士论文的指导老师。1979年夏，研究生一年级结束，当时任教研室主任的张先生（岱年），要我们中国哲学史专业的十个人，各报自己希望研究的方向。酝酿之后，我看大家多报"先秦"，于是就选了"魏晋"。暑假过后，张先生告我："你的方向要改一下"，决定由艾民先生作我的论文指导老师。艾民先生专长在宋明哲学，特别是朱子和王阳明。于是我就确定以"宋明"为方向，选定朱子为研究对象。以后的研究是大家都知道的了。

艾民先生早年毕业于西南联大，"文革"前在北大哲

研究生毕业照（1981年），左四为邓艾民先生

学系主掌系务工作。他虽然在北大从事中国哲学的研究，可是他最推崇的，是他的朋友冯契。冯契与艾民先生在西南联大曾同学，又有志同道合之谊，他们是终身相知的朋友。一般人极少推崇同行中的平辈同学和朋友，可是艾民先生多次对我说，他认为冯契的研究最好，要我注意看冯契的东西。也是在艾民先生的建议下，我去旁听了数理逻辑专业的几门课。从这里看，他似乎也很欣赏逻辑分析的方法，因为冯契的特点，就是把马克思的辩证法和金岳霖的逻辑分析加以结合。

我给艾民先生写过一些读书报告，依次为孟子、庄子、公孙龙、易传、郭向。庄子的一篇在1980年北大五四科学讨论会宣读过，郭向的一篇发表在《中国哲学》，而艾民先生比较欣赏孟子的那一篇。我也写过一篇二程，未获发表。但我的用力所在，主要还是朱子。记得上来读王白田《朱子年谱》时，对于朱子早年的已发未发说，颇觉难明，就写了一页问题，请问艾民先生。艾民先生要我自思而得之。于是我自己又去用功，终于深造之而有所得。此中愤悱启发之功，不可不归于艾民先生。

1979年到1980年，杜维明教授在北京访学，在北大的座谈结束后，与北大几位先生同游未名湖。杜教授问起艾民先生的研究兴趣，答曰"宋明理学"，杜即为之一振；又问最喜欢何人，答曰"王阳明"，杜大喜之。于是两人深谈良久。当时艾民先生主持北京市哲学会的工作，即邀请杜教授在北京市哲学会讲演，艾民先生特为介绍，当时北京研究中国哲学的名流都在座，我们也参加了旁听。

1982年，艾民先生从夏威夷参加朱子学术会议回来，全力投入王阳明的研究，那时他给1982年入学的研究生开"王阳明哲学"的课，他写了讲义，从生平到哲学，论述很精彩、很细致。他让系里把讲义油印，发给同学，要同学在讲义上面的边、眉处写他们的读后意见。他在学期结束时把这些讲义收回，要我来看（那时我已在系里教书），学生的评价也很好（如李存山、景海峰）。其中王阳明生平一章，他曾在1981年秋天全国宋明理学讨论会上讲过；他认为王阳明是封建时代的圣人，听说这个讲法当时受到一些人的批评，不过他并不在意。他的想法，是以这些讲义为基础，写成一本王阳明哲学的书。同时，他又作了王阳明《传习录》的注释，也是交由系里油印，作为研究生的教材，希望经过讨论修改后成为专著。这个时期是他学术创造的最旺盛时期。他的这两部阳明学的著作，在他生时虽未出版，但可以说代表了八十年代初中国大陆王阳明研究的水平。

《传习录注疏》这部书，即使放在今天的学术界，也仍然是阳明学研究的一流著作。这里仅举一例：《传习录》第一条中："'作'字却与'亲'字相对，然非'亲'字义。下面治国平天下处，皆于'新'字无发明。"《四部备要》本、《王阳明全集》本、陈荣捷先生本文字皆如此。而《传习录注疏》作"然非'新'字义"。下出校注："《王文成公全书》本，'新'讹作'亲'，据闾东本改。"这个改正显然是正确的。本书的价值由此可见一斑。

可惜，1983年艾民先生被发现罹患癌症，次年过世，否则，他给予中国学术界的贡献一定会更多。他患病住院期间，我曾多次去探望，当时他在医院仍抓紧修改这两项研究。在刚刚住院时，他对我说，王阳明哲学的书，还差几章，如果来不及，希望我帮他补写这几章；而《传习录》的修改如果来不及，就希望魏常海帮他完成。最后，《传习录》终于还是完成了。而王阳明哲学的部分后来也由冯契先生将之与艾民先生有关朱子的论文合并，在上海出版。

多年前，杨祖汉教授听我说起艾民先生有关于《传习录》的书稿，对我表示可以安排在台湾出版。于是我就将此意转达给邓师母左启华教授，她为了书稿的打字，付出了多年的辛苦。现在，这部书终于付印，既可以告慰艾民先生，也使邓师母的心愿得以达成。书将付印，邓师母要我写几句话，我就将艾民先生与我的渊源往来，略表出如上，亦用以纪念艾民先生。

2002年2月于香港

怀念朱伯崑先生

5月3日（美国东部时间）中午从哈佛广场（Harvard Square）回来，打开收件箱，十几个新邮件一下子涌了出来，其中张学智教授发来的题为"讣告"的邮件赫然夺目，我一下子就意识到这可能和朱先生有关。待打开看，知道朱先生已于5月2日仙逝。虽然朱先生近一两年来身体一直不好，但这个消息仍然令我感到惊愕，叹息不已。

一

朱伯崑先生，著名哲学史家，易学哲学研究大师，是我国哲学界望重士林的著名学者。朱先生长期从事中国哲学史的教学与研究，对新中国成立以来中国哲学史教学体系掌握最熟、教学经验最富，他对整个中国哲学史的把握及问题的辨析，其精密与纯熟，很少有人能与之相比。他的研究继承了冯友兰先生的治学方法，重视理论思维，重视分析中国古代哲学的概念及演变，在把握中国哲学的广阔性和深刻性方面达到了很高的造诣。他对新中国成立以来中国哲学史研究的"北大学派"的建设做出了重大贡献，他是当代中国哲学研究有威望和成就的大师，他的研究在国内外学术界有重要的地位和影响。他的逝世是我国哲学界和中国哲学史学界的重大损失。

朱先生的学术活动可分为四个方面。

第一是中国哲学史。在这方面，他在新中国成立后建立的北京大学中国哲学史的教学体系方面做出了重要贡献，在教学实践、教材编写、资料编辑各方面都发挥了重要的作用。由于院系调整以后，全国的哲学教师都集中于北大，北大哲学系在全国具有示范的意义和影响，所以他在北京大学哲学系中国哲学史教学的影响是及于全国的。

第二个方面是易学哲学。朱先生认为中国哲学的形上学和宇宙论的概念、命题、思维，主要是借助对周易的解释而发展起来的，是从易学的解释传统中转出来的。他从上世纪七十年代末开始对此进行研究，在开设易学哲学史课程外，以十年时间完成出版了《易学哲学史》四卷的巨著。这部划时代的易学哲学经典不仅开创了易学哲学研究的综合的典范，同时也是一部中国哲学史的通史。

第三个方面是易学普及。朱先生上世纪九十年代创办了东方易学研究院，坚持"善为易者不占"的理性解易传统，出版了多种易学知识教程与普及读物，组织过多次国际性会议，对推广易学起了重要作用。在新世纪，他又主持创建了国际易学联合会，为世界性的易学研究奠定了组织基础。

第四是研究冯学。朱先生曾长期跟随冯友兰先生，协助冯先生写《中国哲学史新编》。冯先生逝世后，在朱先生的建议下成立冯友兰研究会，组织会议，编辑论文集，颁发研究奖，推动了冯友兰研究的深入发展。

在前辈老师学者中，朱先生最善于提出问题和解答问题，这是和他研究的深入与对资料的熟悉是分不开的。朱先生非常注重理论思维，重视辨名析理，在与他年龄相当的中国哲学研究者中，朱先生的理论能力是非常突出的。同时，朱先生又非常重视资料，对基本资料的掌握达到了精熟的地步。北大的几种中国哲学史资料选辑就是在朱先生一手主持之下完成的。我深深地感到，朱先生对中国哲学的熟悉把握，是我们要一辈子努力学习的。

二

1993年，教研室给朱先生庆寿，宴席间朱先生对另一位先生说："他们都是我的学生！"因为许抗生老师、我、李中华、魏常海、王守常、王博，我们之中没有人没听过朱先生的课！没有人没在学术上深受过他的教益！

我最初见朱先生是在1978年6月研究生复试考试时。当时，我除了认得张岱年先生和楼宇烈老师外，其他老师都不认得。复试会上，除了张先生外，主要提问的是一位戴白边眼镜的老师，五十多岁，反复提了与公孙龙哲学有关的问题。对于这些问题，我都就自己所知，一一作了回答。考试后，通过问别的考生，才知道这位最能提问题的老师就是朱伯崑先生。

对我们78级研究生来说，除了张先生以外，最重要的老师就是朱先生。入学时，除了张先生这样年纪的老先生我们称先生外，五十几岁以下的先生多称老师，所以我有好多年都称朱老师，后来才改称朱先生。在改口的开始几年，我自己心里还是觉得叫朱老师亲切些，但慢慢也就习惯了。初入学时，我们曾在张岱年先生课上问他，朱先生是不是他的学生，张先生说："他解放前在清华上我的课，我两年都给他100分！"张先生还说："他现在已自成一家。"

朱先生给我们开的通史资料课，长达一年有余，每周两次，每次四个小时，上了两个学期，还没讲到王船山，所以第三个学期又继续讲，上得大家往往头晕脑涨，而朱先生兴致勃勃，欲罢不能。这门课不是本科的中国哲学史课，而是专门给研究生上的中国哲学史通史资料课，本来是主要读资料的，但讲着讲着，就不讲资料了，讲成朱先生的中国哲学史通史。这门课讲得比本科的中国哲学史课要深得多细得多。朱先生的这门课对我们非常重要，不仅在一个较高层次上把整个中国哲学史深入地重新过了一遍，而且把其中的理论问题和学术争论都全面揭示出来了。同时，这对我们也是一次"北大学派"（这是后来朱先生多次跟我谈的问题）的治学方法的重要洗礼。

朱先生这一次中国哲学史通史讲课，其体系之深入与广博，我相信是前无古人，而后来者也不会再有的，因为此后的研究生课程不再有中国哲学史通史课，而本科的通史教学都走向简短，以各门断代专题课作为补充。我在研究生时代写的郭象、张载的论文，都与朱先生的这门课对我的启发有关。

朱先生不仅上课，还找大家到家里去谈话。第一学期结束，大家交了对《管子》内业、心术篇的注释作业，假期中朱先生找我们十个人分别谈话。这种认真负责的教学态度，今天很少有人做到，我自己也从来没做到过。

1981年春夏，每个人的研究生毕业论文初稿都拿去给朱先生看，这大概不是教研室的规定，而是大家对朱先生的一种依赖，觉得反正麻烦朱先生也没关系，他肯定会给我们的论文把关。我记得朱先生找我去谈我的论文时，点头予以肯定，说我的论文"有点新东西"。给78级研究生讲课后不久，朱先生身体就一直不太好，主要是喘病，那个时期他经常去圆明园散步。

在上朱先生通史资料课时，讲到魏晋哲学和北宋哲学时，朱先生都提到本体论和宇宙论的分别，指出在欧洲哲学史上沃尔夫最先提出这个分别，汤用彤先生在上世纪四十年代以此分析汉代哲学和魏晋玄学的哲学形态的差异。本体论和宇宙论的分别，在新中国成立以来到七十年代末，已经很少有人再用，当时的学者多认为本体论是旧哲学的名词，不宜作今天哲学史分析的方法。但朱先生在课上还是强调这一点，这是对教条主义方法论的拨乱反正，这对我也有一定的影响。我的博士论文对朱熹理气观的演变的分析，除了利用冯先生的逻辑在先的分析外，也利用了这个框架，论述了朱熹哲学从本体论到宇宙论的变化这一分析，这个分析就是受到朱先生通史资料课的影响得来的。

1983年春季学期，我听过朱先生的易学哲学史课程，这个课本来是给82级研究生开的，我当时已是博士生，但博士生没有课程，所以去听朱先生的这门课。朱先生在1980年代后改戴深色框眼镜了。这门课给我最深的印象，是汉代易学的卦气说和汉唐易学的元气说，尤其是北宋初期的太极元气说。这成为我的博士论文论述周敦颐太极图说的基本依据。由于朱先生的讲义还未出版，所以我在博士论文的脚注里说明"此点在朱伯昆先生的易学哲学史课程中早已指明"。此后我对北宋初期和周敦颐太极图说的解释，始终持此讲法不变。

1985年春天，我的博士论文初稿写好，那时并没有预答辩的制度，但我没忘记先拿去麻烦朱先生看看，朱先生看过，要我注意中立一元论的问题，还提醒我看李相显

与台湾友人在冯友兰先生家中，1990 年 8 月 4 日

的书。后来我跟张先生提起李相显，张先生也说，怎么把李相显给忘了。因为李相显是张先生的老朋友。在博士答辩时，朱先生提出中立一元论这一问题，张先生当时面色微变，但我已经经朱先生提醒过，所以从容回答，未出差错。答辩结束，朱先生笑着对我说"你是太喜欢朱熹"，当时杜维明教授在旁，说"是同情的理解"。

　　上面提到，我们读研究生时上朱先生的通史资料课，两学期还没讲到王船山，所以1979年秋天的学期又讲了一个月的王船山。这门课任继愈先生的研究生也都来听，当时任先生的学生都是做王船山研究的，故朱先生对王船山讲得很细。1991年春天，我的《有无之境：王阳明哲学的精神》出版，到朱先生家呈送一本给朱先生，朱先生接过书，翻了翻，点头说："你下边该研究王船山了！"朱先生认为我顺着宋元明清的历史顺序，从大思想家来说，接着下去应该研究王船山了。但是我当时很想离开理学一段，离开宋元明清一段，所以并没有计划研究王船山。直到十年后，才借助开会的机缘，上手研究王船山。2004年，《诠释与重建：王船山哲学的精神》出版之后，我去朱先生家呈送一本，跟朱先生说，我在后记里写了您当年跟我说研究王船山的事。朱先生翻到后面，笑着说，这我早就忘记了。

三

从50年代到70年代末，朱先生是北京大学哲学系担任中国哲学史教学任务最多的老师，固然，冯先生如此高龄，已不可能在教学第一线长期担任主讲，张先生1957年被打成右派后则被剥夺了讲课的权利，朱先生便理所当然地承担了第一线的主讲中国哲学史任务，尤其是在1970年代。朱先生的特点是每讲一次，都要重写一次讲稿，所以他的书柜上摞满了他历年写的中国哲学史讲义。九十年代初，大概是1990年，教研室酝酿重写中国哲学史教材，朱先生写了一个很详细的大纲发给教研室各老师，就框架而言，这个提纲可以说是当时最好的中国哲学史教材体系，可惜因为1989年政治风波后风气的变化，这个设想未能实现（当然，朱先生晚年对这个提纲的个别提法也有改变）。

有鉴于此，我们教研室的同志都希望朱先生把他历年的讲义加以整理，自己写一部中国哲学史。1991年的时候，我还去朱先生家谈过此事，朱先生当时说："可是可以，但是你得帮我。"我也应允了。1992年王博毕业留校，我们就让王博帮朱先生写这部中国哲学史。然而，1991年以后，朱先生的心力基本放在易学事业上，这部中国哲学史终于未能完成，这是我们教研室的遗憾。

不过，我想指出，皇皇四卷《易学哲学史》，若不看其中筮法的语言的部分，其实就是朱先生所写的一部中国哲学史，特别是宋元明清时期的哲学史。朱先生总是说，易学著作有两套语言，一套是筮法的，一套是哲学的，而哲学的讨论往往从筮法的讨论中引申出来，《易学哲学史》就是要把两套语言都讲清楚。

70年代末，教研室经常开会，也讨论教学和学术，朱先生是讨论中最主要的发言人。我记得，80年代初，有一次，邓艾民先生有篇文章要拿到香港报章上发表，那时规定要在教研室先讨论。据邓先生说，也主要是朱先生提了意见。80年代以后，教研室开会少了，学术讨论也不在教研室组织了，研究生的答辩会便成为老师们论学的重要场所。参加过我们教研室研究生答辩的人都知道，朱先生是最能提出学术问题的老师，而且抓住不放，辨析的能力特别强。直到90年代后期，都是这样，朱先生在答辩会上往往就一个问题谈得很系统，谈的时间很长。直到21世纪初，魏常海教授有一次就说，朱先生每这样讲一次，就等于给我们又上了一堂课。一个学科，在学术思想上必有其核心，1950—1960年代以冯先生为核心，1970—1980年代中期以张先生为核心。在北大中国哲学学科内部，张先生退休以后，在学科的知识和理论方面，朱先生实际上扮演了重要的核心角色，是我们学术思想上的主心骨，因为他对中国哲学史的把握是整个教研室里最系统的。

1990年底，在冯友兰先生去世纪念会上，朱先生提出搞点学术活动。于是，1991年，就在陈占国他们北京市社科院哲学研究所举行了两次，我都参加了。以后编《周易辞典通说》，我也承担了一些词条的撰写。朱先生对多数稿子不太满意，对这些词条下了不少加工之力，朱先生对我说："你写得还行，比较清楚。"其实，我承担的词条，都是按朱先生《易学哲学史》的提法和思想写的，自然能得到朱先生的首肯。

1996年，朱先生、汤先生、叶朗教授和我一起赴香港浸会学院讲学，两人住一单元，朱先生要和我住在一起。讲学快结束时，朱高正先生带其助手从台湾来，住在我们的隔壁。朱先生当时帮朱高正的《易经白话例解》写了序，并对我说他的这本书还是有价值的。朱高正当时是立法委员，也是台湾中小企业发展基金会的董事长，他帮朱先生的易学研究组织募款，对朱先生的事业支持甚大，这一次带来了两万多美金。朱先生要我帮他在一路上带好这些钱，直到在北京机场遇到易学研究院的邱先生和研究院的车，才交代了这笔募款。

1993年，朱先生主持建立了易学研究和普及的机构。朱先生当时关照我说，要有易学专著才能参加易学研究院，等你有了易学专著，再参加易学研究院。从这件事可以看出，朱先生做事是有一定的原则的，不是凭个人关系。在老先生里面，朱先生晚年在事业方面的成就不小，不仅创了国际易学研究院，而且成立了国际易学联合会，我觉得朱先生在事业方面的成就，是和他为人的公允、平和、不走私人路线是分不开的。

四

朱先生从1988年起招博士生，博士生入学要面试，毕业要答辩。从1990年起，朱先生招博士生的面试都是找我一起参加，由朱先生和我两人进行面试。那时，每个导师的学生面试都是各行其是，并没有统一组织。有一年，汤先生也要我参加他的博士生面试，时间和朱先生那的面试重合了，朱先生说："我一直都是找他的。"结果我先参加了朱先生考生的面试，再去参加汤先生考生的面试。1990年代前期，在易学研究院未成立前，朱先生经常打电话找我。易学研究院成立后，朱先生有事找院里的人办，一般不怎么找我。但涉及朱先生博士生的问题，他还是找我商量，我也在论文选题、安排答辩方面稍微帮忙出点主意。

1992年，北京大学成立中国传统文化研究中心，《国学研究》创刊，我作为中心的管理委员和《国学研究》的编委，承担在中国哲学方面的组稿任务。我就去朱先生家跟朱先生邀稿，朱先生说："最近没写东西，有篇旧稿，是讲戴震伦理学的，但有五万多字。"那时还没有刊物能发这么多字的论文，我说您给我吧。我拿了这篇稿子，在编委会上加以介绍，经编委会讨论同意，全文发表在《国学研究》第一卷。当时国学研究的稿费也还比较合理，所以朱先生对此事还是比较满意的。因此，后来中心主任袁行霈先生邀请朱先生在国学研究论坛讲演，朱先生也未推辞，在讲坛上作了精彩的讲演，让听众领略了我们哲学系著名学者思与谈的风范。

中国传统文化研究中心成立后，第一件大事是全校与中央电视台合作拍摄《中华文明之光》（15辑），全面介绍中国传统文化。中心通过北京大学社科处，组织全校文科教师参加电视片稿的撰写和主讲。

《周易》这一辑请朱先生撰稿并主讲，由新影的王导演拍摄。朱先生写的电视片稿约四千多字，导演从电视片展现的角度考虑，把原稿的叙述改变为两个人的对话，这样观众看起来不会觉得死板。一般处理是以主讲人和一位主持人对话的方式出现，由于《周易》是电视片最初的几辑之一，还没有找主持人的经验，而且，导演也考虑到《周易》内容较深，其中部分论述由主持人出面并不妥当，于是提出是否请一位学者和朱先生配合。朱先生就提出要我参加，于是我便参加了这部电视片拍摄的全过程。

令我十分惊奇的是，朱先生并未"触过电"，没有拍过电视节目，可是朱先生所写的电视片稿，不长不短，刚刚好适合30分钟拍摄的需要。（后来我自己拍朱熹、王阳明，学习朱先生，就写四千余字。可是我的语速有点快，只好要导演补一些画面。）特别是，一般人如果没有拍过电视节目，初在镜头前，要反复适应，如中文系一位知名学者，初拍时拍了几次，都不能适应。朱先生却非常沉稳自然，声音厚重有力，节奏稳定，条理清晰，稿子熟于胸中，讲述没有一点差错，高度体现了哲学学者的学问风度和思维能力。每一节的拍摄，基本上都是一次成功。对此我是非常佩服的，因为我并不是第一次拍电视节目，所以我深知其中的不易。

这部《周易》片子拍完后，当时在中国传统文化中心里是作为范例，受到大家一致的好评。我也认为，在这套片子里，无论从内容还是讲述，朱先生讲《周易》的这部都是最好的。而朱先生非常谦虚，总是跟我说"我们两人拍的那个电视片"如何如何。其实，我就是跟着朱先生去配合，把朱先生写好的稿子的一部分，通过我用提问的方式或补充的方式，把朱先生要表达的意图表达出来，整部片子当然都是朱先生的成果。朱先生后来多次在不同场合以这部片子作为介绍《周易》基本思想的例子来向各界学习者演示，这使我感到很欣慰。

五

记得1998年1月底，过年去看朱先生，谈了一个多小时。朱先生说，叶适的贡献不在理论思维，是经验论，反形而上学，西方现代也有这一种人。叶讲道器关系，器是礼乐制度，国计民生，道不离制度和民生，这是从政治哲学上讲道器关系，不是以前讲的唯物论、唯心论。又说李觏易学讲气，是张载的先驱，李觏王安石、陈亮叶适、颜李戴震，是功利派传统，可以接上资产阶级近代。朱先生解释《易学哲学史》说，《易学哲学史》是从经学入手，就易学来说，卦爻象与辞的对应关系，有一原理、规律，历来易学家要解开这个结，找到这个普遍的原理。易学是中国人练习理论思维的方式，其思维就是通过对卦爻辞的解释。这些解释看起来区别不大，但其实有发展。中国哲学的讨论源于易学，以前中国哲学史只讲结论，这些哲学意义的结论，其源头是从易学哲学中来。如理气问题从孔颖达《易学》可以看出来，是在易学里转出来的。《易学哲学史》就是找这个源头，而落脚还在哲学史上。

1998年9月庆祝朱先生七十五寿辰，在北大勺园开了庆祝会，安排了好几位先生讲话祝贺，主持者也要我作为教研室主任讲个话，于是我讲了几句话。大意是：第一，朱先生是我们教研室学术群体（现在习称学科）的主要成员，对我系中国哲学史的课程建设和研究生培养做出了重大贡献。第二，朱先生是中国哲学史研究的北大学派的主要代表，从冯先生、张先生到朱先生，都对这个学派的建设和发展有方法的自觉，并付诸于传承的实践。第三，从中国哲学史学界来说，在接着张先生、任先生之后，朱先生已经成为第三代学术领导核心，对于中国哲学研究具有通家的规模和造诣。第四，朱先生的研究特色是关注理论思维和理论思维发生发展的历史，在学术思想的资源上受益于恩格斯不少。我发言后从台上下来，朱先生笑着对我说："你这新词儿太多！"

2004年4月24日张先生去世，当天晚上按原计划我们要去香山参加朱先生国际易学会的闭幕式和庆祝朱先生八十寿辰。大家预先说好，张先生去世的消息先不要告诉朱先生，免得把会议的气氛冲散了。晚上在宴会上，王博主持，安排我讲个话。我再次强调，第一，应当肯定朱先生是中国哲学史研究北大学派的创始人地位，因为这个学派不仅有教材、参考书、论文，还有教学体系。教学体系包括本科、研究生、答辩种种环节，对于这一教学体系的建设，朱先生居功最大。第二，朱先生的易学思想和事业仍然可以说是继承冯先生的遗志，冯先生临终遗言"要注意周易哲学"，朱先生可谓把冯先生的遗愿发扬之、光大之。第三，我没有提张先生去世的消息，而是借用一首流行很广的歌的歌词"继往开来的领路人"来说明我们对朱先生的期盼，"继往开来"四个字包含和暗示了张先生去世后我们在学术上要依赖朱先生的引领。所谓"领路人"是指中国哲学学术知识和精神的领路者，朱先生不仅在北大中国哲学学科扮演此种角色，在当今中国哲学学界，对中国哲学的整体把握和了解，对这一整体的合同与辩异，掌握最完整、辨别最清楚者，是朱先生。我们大家至今仍然需要他的学术的指点。

第二天上午我去朱先生家，向他报告张先生去世的消息，朱先生说昨晚坐车回来时有人告诉他了，然后沉默半晌说，你们昨天应当早告诉我。张先生去世后，我编辑《不息集》纪念张先生，请朱先生写文章，朱先生此时的笔力，我觉得已经大不如前，但他还是写了，写好后交给我，说："最后两句是否合适，保留或去掉，由你决定吧。"

我认为，在冯先生、张先生之外，对中国哲学通史体系最熟，在资料的熟悉和理论思辨的能力上，在学问的规模、条理的细密方面，能追踪于冯先生、张先生的，是朱先生。这也是他在我们教研室内得到大家一致尊重的原因。

我们教研室的老师，从许抗生老师以下，都是朱先生的学生，我感到，比起其他的老先生如冯先生、张先生来，朱先生和我们的关系更自然，也更亲切，这样的师生关系我觉得是很难得的。

前年夏天以后，朱先生腹泻的病症一直没有治愈，曾请了几位中医医师诊过。我去年离家赴美研究，行前曾看望过朱先生。从朱先生家出来时闪过一念，不知我走这一年，回来能不能见到朱先生。现在他遽归道山，我虽不觉得完全突然，但颇生歉疚之情。因为我人在美国访问，无法回去亲自向他老人家告别，也无法送他最后一程，这是我深感遗憾的事情。所以，我只能远隔重洋，献上一瓣心香，默默地悼念这位受到大家一致尊敬的老师。

2007年5月5日初稿，6月4日改定

醉心北大精神的史家
——读邓广铭先生纪念集

不知不觉之间，邓广铭先生已经仙逝三年了。纪念邓先生的这部《仰止集》，去年我在香港客居时曾从友人处借来读过，不久前承小南教授亲赠一册，颇觉亲切。再读之后，更添怀想，邓先生的音容，跃然眼前。其实，邓先生去世之后，我也曾接到纪念集的约稿信。当时穷忙和出国，未曾得闲动笔；又思邓先生门下，史学前辈如云，我的专业不算是史学，似无资格忝列其中，终于未敢应命。然而，事过之后，总觉遗憾在心，这次得赠此集，不仅给了我一个重新学习邓先生为人为学的机会，也正好给了我一个弥补失约的良缘。

一

《仰止集》所载，都是邓先生友人、学生所写的纪念和回忆文章，十分生动有趣，细读之后，对邓先生一生学问和为人，有了更为"具体"的了解。而尤使我感兴趣的，是他早年问学过程中与当时的学问大家的交往因缘，以及其中留下的不少佳话。

在邓先生与之交往的这些大家当中，从时间上数，首需一提的是周作人。邓先生是山东人，乡音到老不改，故张中行称他为"山左史家"。他1931年从山东到北京，当年考北京大学而未取，遂考入辅仁大学英文系。次年再考，得所愿而入北大史学系。就在这一年的9月，周作人的《中国新文学的源流》出版，该书版权页写明：讲校者周作人，记录者邓恭三。恭三是邓先生的字，他在山东省立一师读书时，就以记忆力强、思维敏捷、反应快，见誉于同学，所以一师校内名人讲演，每多由他作记录。据周作人在此书的小引中说，1932年三、四月间到辅仁大学去讲演，"所讲的题目从头就没有定好"，"既未编讲义，也没有写出纲领来，只信口开河地说下去就完了。到了讲完之后，邓恭三先生却拿了一本笔记的草稿来叫我校阅，这颇出于我的意料之外。再看所记录的不但绝少错误，而且反把我所乱说的话整理得略有次序，这尤其使我佩服"（《仰止集》，河北教育出版社，1999年，9页。以下所引只标页码，恕不另注明）。以周作人的文名和地位，这一番话自然使年轻的邓广铭在青年学子中广为人知了，张中行、金克木都是因着此书而知道邓广铭其人的。更值得一提的是，这部书出版后，周作人将稿费送给了邓先生，初入北大史学系的邓先生便用这笔钱买了一部"二十四史"，他的史学生涯，从此开始。

在大学时代，邓先生又得到难得的机缘，此即受知于胡适和傅斯年。邓先生在大学时，胡适任北大文学院院长，他上过胡适的"传记专题实习"。他因读一名人的宋史著作，而写了一篇书评，并且以此作为胡适课的读书报告。胡适赏识此文，鼓励邓先生继续研究宋史，于是邓先生以《陈亮传》为题，在胡适的指导下写成他的毕业论文《陈龙川传》。胡适对此予以表扬，说"这是一本可读的新传记"。胡适还对邓先生说："辛稼轩是陈亮的好朋友，你这篇传记对他们的关系写得太少。"邓先生此后对辛稼轩的研究应是以此为契机的。当时胡适任北大文科所所长，邓先生毕业即被留在文科研究所，这一定也和胡适有关。战后胡适任北大校长，邓先生做校长办公室的兼任秘书；又因帮助胡适编辑《大公报·文史周刊》的需要，而在东厂胡同与胡适连院而居，此又可见邓先生与胡适的渊源实深。

邓先生在北大时，傅斯年任北大史学系主任，邓先生修过傅斯年的"史学方法导论"，邓先生毕业后作为助教，在北大文科研究所作研究。北大迁到昆明后，傅斯年任文科研究所所长，很注重对年轻学人的培养。邓先生在昆明时，《宋会要辑稿》给北大文研所的人七折优惠，但其价格相当于邓先生当时一个月的薪水，受家累之苦的邓先生本不想买，傅斯年硬是"逼"着他买了一套。后来傅斯年把"中研院"的史语所迁到南溪李庄，并指令属于北大文研所的邓先生也一同前往。正是在李庄的两年里，邓先生藉《宋会要辑稿》等书写成了《宋史职官志考正》和《宋史刑法志考正》。邓先生晚年不止一次地说过："傅孟真先生提携年轻人真是不遗余力！"后来，傅斯年又推荐邓先生到复旦教书。日本投降后，傅斯年约邓先生谈话，拉他回北大，说："北大决定请你回史学系教课。"返北平后，又要邓先生帮助他处理校长室的一些事务，邓先生受知于傅氏非浅，亦于此可见。

陈寅恪对邓先生宋史研究的称道最为后人所称引。邓先生北大毕业后，欲向当时的中华文化教育基金申请研究经费，于是去见胡适，说明意向。胡适称好，说："三十以前做学问要鼓励，三十以后是本分。"当胡适了解到邓先生要以"辛弃疾"为研究题目，便说，这是梁任公研究的题目，你也要研究，先须写一篇东西。邓先生于是埋头写了一篇《辛稼轩年谱及稼轩词疏证总辩证》，1937年在《国闻周报》刊出，其结论是认为梁启超兄弟的辛氏年谱和辛词疏证都有许多严重错误，需要重新编写。陈寅恪先生看后很为赞赏，于是主动为之推荐，研究经费因此得以批准。邓先生后来说，"就这一篇文章，影响了我一生，是我一生的转折"，这个转折是就治宋史而言，"从此我就不回头了"（145页）。当时邓先生三十岁。邓先生在北大文科研究所时，陈寅恪为专任导师，在1939年至1940年间，邓先生日夕亲陈寅恪的謦咳，实际上等于作陈寅恪的助教，曾常常聆听陈寅恪的谈论，受益不少。邓先生后来忆及于此，说"收获之大确实是胜读十年书的"（518页）。以后邓先生《宋史职官志考正》一文发表，陈寅恪更为之序，云："宋史一书，于诸正史中，卷帙最为繁多，数百年来，真能熟读之者，实无几人，更何论探索其根据，比较其异同，藉为改创之资乎？邓恭三先生广铭，夙治宋史，欲著宋史校正一书，先以《宋史职官志考正》一篇刊布于世，其用力之勤，持论之慎，并世治宋史者，未能或之先也。寅恪前居旧京时，或读先生考辨辛稼轩事迹之文，深服其精博，愿得一见为幸。及南来后，同寓昆明青园学舍。而寅恪病榻呻吟，救死不暇，固难与之论学论史；但当时亦见先生甚为尘俗琐杂所困，疑其必鲜余力可以从事著述；殊不意其拨冗偷闲，竟成此篇。是其神思之缜密，志愿之果毅，愈越等伦。他日新宋学之建立，先生当为最有功之一人，可以无疑也。"邓先生的《宋史职官志考正》是划时代的，陈序也是经典之作，但如果邓先生没有与陈寅恪交游的机缘，要得到陈寅恪的此篇佳序那就很难了。

还有一位是词坛泰斗夏承焘。邓先生说："夏先生有大恩于我，抗日初期我从北平经河内去昆明找西南联大，特意到杭州去拜见他。那时夏先生早已是全国有名的大牌教授，研究稼轩词多年。我带着自己在北大搞的辛稼轩年谱和稼轩词编年笺注的材料，到杭州大学向他请教。我是小字辈的后学，刚刚开始两年，谁知他看了我的材料，不仅称赞有加，而且竟将他自己搞了多年的研究稼轩词的材料，悉数交给了我。还说，有了你邓广铭研究稼轩词，我就可以不往下作了。"（536页）《稼轩词编年笺注》是邓先生的名作，作于1937年至1939年，是他在北平图书馆埋头两年的成果，上世纪四十年代初商务印书馆排版付型，前有夏承焘1939年12月的序，中云："予友邓君恭三治文史，了然于迁嬗之故，出其绪余，为稼轩年谱，并笺其词，曩予获见一二，惊为罕觏。顷恭三自北平游滇，道出上海，乃得读其全稿。钩稽之广，用思之密，洪兴祖、顾嗣立之于昌黎，殆无以过。"他在结尾处还说："得恭三兹编以鼓舞之，蔚为风会，国族精魂将怙以振涤，岂第稼轩功臣、与洪顾比肩而已哉！"邓先生完成此书时，才三十二岁。夏先生甘愿向后学转赠资料的这段佳话，后来邓先生在"文革"前的教学中还常向学生提起，并不顾及当时"鼓吹成名成家""贩卖资产阶级学术观点"这些大批判的压力，这既可见邓先生对于学生的一种治学精神的教育，也可见邓先生对前辈的提携之恩的恒久感念。

邓先生的学问和研究，得益于这些大师不少。而其所以能得到上述学问大家的赏识和奖掖，当然是邓先生自己的出众才学、过人努力和卓绝的成绩使然，而这些大师级的人对他的提携、帮助、指导乃至表扬，又是邓先生得以成为史学大家的重要条件。邓先生临终前，曾回顾说，这几十年来，我在学术上没有停顿，其中原因之一，就是因为有大师指导。（543页）大师在学术发展和人才养成上的关键作用，确乎重要，邓先生自己就是一个显例。

二

虽然《稼轩词编年笺注》和《宋史职官志考正》为邓先生带来了甚高学术荣誉，但邓先生晚年说过，他给后人留下的主要是四部宋人的传，即《王安石传》《岳飞传》《辛弃疾传》《陈亮传》。他说："成也是这四部书，败也是这四部书。"（459页）这说明，一方面，青年时受《贝多芬传》的影响，他在性情上始终钟情于爱国志士与英雄豪杰式的人物研究，以致主导了他毕生的学术志趣；另一方面，这种兴趣又显然与20世纪中国饱受外人侵略所给予他的刺激有关。他曾说："1935到1937年间，我正在攻治两宋和辽金历史上的一些问题，特别是有关宋辽和金宋之间的和战问题，南宋的几个比较突出的富有爱国思想的学士大夫和社会活动家，例如大倡功利主义的陈龙川陈亮，以爱国诗人著称于世的陆放翁陆游，和具有多方面才智的英雄豪杰人物辛稼轩等人，便特别吸引了我的注意，使我发生了很大的兴趣。"即使是他的《稼轩词笺注》，其用意也绝不止于文学辞章，而是要以英雄人物鼓舞中华民族的救亡与振兴，连夏承焘《稼轩词笺注序》也注意揭示其鼓舞爱国精神的意义："国族精魂将怗以振涤，岂第稼轩功臣、与洪顾比肩而已哉！"邓先生无疑是一位出色的爱国史家，他曾说："1945年8月15日日寇宣布无条件投降之日，却又正是《岳飞》一书宣布印成发行之时，这两件事情的巧合，使我永远难忘。"正是这种爱国的情怀，支配着他考察历史的原则，也是他史学研究的根本动力。

照说邓先生研究的人物都是爱国志士和改革者，而且不属于"评法批儒"中被批的儒家，他的研究在改革开放以前应当受影响较小。不过事实却不如此。举例来说，在他的这四部书中，"四写"《王安石》的过程最有戏剧性。

1972年田中角荣访华，据说，毛主席会见田中时，用他习惯而且擅长的方式对田中说，你这次来，很像王安石的"三不足"，即天变不足畏，祖宗不足法，人言不足恤。

科技发展到今天，天变不足畏大概不成问题，没有人再把科技和政事联系到一起；但历任日本首相都反华，你来访华，想使两国关系正常化，这是祖宗不足法；你这次来，估计美帝苏修都是反对的，而你不管这些，这就是人言不足畏。（298页、523页）

毛主席的谈话传出来后，人民出版社马上派人找邓先生组稿，要求邓先生把他在新中国成立初写的《王安石》扩大，要特别发挥三不足精神，希望三个月写好。邓先生1973年交稿，稿子打印后拿到北大、师大的历史系和学部的历史所讨论，讨论提出的共同意见是没有反映儒法斗争。邓先生后来说："我说王安石法家思想是占了相当一部分，但他是以儒家面貌出现的，无论如何，不能说他是反儒，这个道理讲不通。我只认为王安石是援法入儒，不认为他是反儒的法家。但是当时的大气候，要讲王安石反对司马光是代表了法家反对儒家，就照讨论收集到的意见写了。"（524页）

改写之后，适逢"批林批孔"，出版社又提出要反映"批林批孔"，"我说王安石怎么和林彪联系得上，他是尊孔，不反孔。他们给了我《文汇报》的一篇社论，说就照这个意思改，无奈，我就照那样子加写了结尾部分"。

1975年出版，"后来毛主席看到了，对封面题签感兴趣，认为字写得好，其实这是集王羲之的字。"（298页）

邓先生坦然说明："我回忆这件事，就是因为在当时的气氛下，大家都像喝了迷魂汤"，"我是为了要免得被划入黑作家之列，就顺从大气候写了这部《王安石》，但书内有些材料还值得用，……但是还有许多'文革'儒法斗争的习惯用语保留着。"（524页）这也是邓先生坚执在其晚年重写《王安石传》的原因。政治干扰学术的不良结果，于此可见。

对于"文革"时期人们的思想状况，邓先生与那些标榜自外于"文革"影响的议论者根本不同，他坦承自己与大家一样，说"在当时的气氛下，大家都像喝了迷魂汤"，跟着当时的风气走了。这不仅真实、形象地反映了当时"从旧社会过来的知识分子"的思想状态，也的确反映了当时高校大多数知识分子的思想状态。

在北大历史系1997年春节团拜会上，邓先生说了这么一段话："老实说，我在'文革'中没有吃过太大的苦头，我的原则是好汉不吃眼前亏。"（510页）其实，邓先生在1966年就被划入"牛鬼蛇神"的队伍，以"反动权威"的罪名成为革命的对象，接受各种批斗和劳改。而他的倔强依然不改，"那时每逢批斗，按例必先由红卫兵向群众介绍被斗人的罪状。那时每逢斗到邓先生时，红卫兵必宣布其罪状曰：'他新中国成立前是胡适的秘书！'而每说到此，不论任何场合，邓先生必立即打断他的话，用那斩钉截铁、铿锵有力的浓厚山东口音反驳说：'我不是胡适的秘书，我是北大校长室的秘书！'针锋相对，绝不含糊。"（150页）我读到这里，不觉地会心而笑，既佩服他的坚执，这也和我所了解的邓先生完全相合。"文革"中他也被下放到鲤鱼洲，"那时邓师已年过花甲，头戴草帽，脚穿胶鞋，挽着裤腿，手拿一根细长的竹竿，在暑气蒸人的田野上放鸭子，条件极其艰苦"。想象着邓先生的这般身影，对这种"革命"对史家学术生命的摧残，人们又怎么能不发出那"唉——"的沉重感叹呢。

不无幸运的是，作过胡适秘书的这件事，似乎在新中国成立后的一段时间对邓先生的影响不大，反右也没沾边，出版了几种著作。不过运动终不饶人，反右以后，1958年的拔白旗，邓先生终于被"拔"到了。邓先生在新中国成立后的教学中曾经提出，研究中国史，必须掌握四把钥匙，即年代学、历史地理学、职官制度和目录学。这讲历史研究法的"四把钥匙"在那个时代被找出来作批判的靶子，是一点也不奇怪的。邓先生被批判的最大理由，那就是"忘了马列主义这把金钥匙""单单丢掉了最根本的一把钥匙——马列主义"。很明显，这并不是邓先生的本意。结局是可以想得到的，那就是邓先生不再被允许上课，直到1963年才恢复了为学生讲课的资格，这和摘帽右派的待遇也就相差不远了。

三

邓先生为人耿介，他最反对的，就是"奄然媚世为乡愿"。为此，他有时甚至不免执拗，他的此种性格和为人在学界是广为人知的。而《仰止集》又向我们显示了他的其他侧面，这就是：他以大师的地位，而勇于承认学术上的偶尔失误，并且褒奖后学的成绩不遗余力。

他收到徐规关于《涑水记闻》点校的意见，立即覆书说："待再版时，一一遵命加以改正。"他的学生梁太济指出其某文对一句史料的解释不确，他表示："所论极是，我当据以改正。"他的学生王曾瑜《王安石变法新论》发表，与乃师观点有所不同，他说："我算是一家之言吧。"

他对后学的表扬，正如陈寅恪等大师之于他自己一样，极尽奖掖的能事，如龚延明的《宋史职官志补正》完成，他为之写鉴定，中云"半个世纪以前，我曾撰写《宋史职官志考正》一文，……然而写作时限短促，思考多有不周，故在刊出之后，自行检校，亦惊诧于其中颇多不应有之疏失"，表扬龚著"说理都极精当，证据都极确凿，所以也都有极强的说服力"，"真正做到了去粗取精、去伪存真、由此及彼、由表及里的境地"。他在收到《袁枚续诗品详注》后，回复著者刘永翔说"高见卓识益我神智，实亦当今著述中之所罕睹"，"今特寄奉前年印行的稼轩词笺及小女谈宋代官制小册各一，均所以表示虔诚求教之意也"。其提携后学、虚怀若谷的大家风范，在这里体现得淋漓尽致。

在受邓先生的提携方面，我自己也是一个例子。历史系的老先生中，我和邓先生比较相熟一点。三十多年前，我在内蒙古劳动之余，曾细读过《稼轩词编年笺注》，故对邓先生早已高山仰止。又因为我曾多年研究朱熹和宋代理学，也算是和宋史研究有一点关联，且又在北大学习工作，故而在对宋史研究的权威邓先生十分敬仰的同时，也就有意识地寻找一些机缘向他请益。

1978年我到北大读研究生，论文专攻朱熹，我的路子是从考证文献的年代入手，所以先作《朱子书信年考》，盖由朱子论学书信特多，不理清其历史脉络则无由研究。大概在1980年夏秋间，我因考证朱子与程迥书遇到困难，便想去求教邓先生。我就请张岱年先生为我写一封介绍信。记得张先生的介绍信第一行是"邓广铭教授"，第二行作"邓广铭兄"，第三行以下是介绍我前去请教。我拿了信，到邓先生家，讲明来意，说想找一些程迥的传记材料，邓先生说"程迥程可久"，见邓先生连程迥的字也都能随口说出，心中很为佩服。然后邓先生从书柜中寻出《宋人传记资料索引》给我看。（这次看《仰止集》，才知道此书是陈学霖教授在1980年初由美来访时赠给邓先生的，后来我在北大文科教员阅览室也看到了这套书，大概都是那时美国学者所赠。）我又说起如何了解朱子晚年思想的环境，这当然涉及到庆元党禁，邓先生说要看看《道命录》《四朝闻见录》。谈了大约半个多小时，即告辞。

　　据杜维明教授说，1979年他拜见邓先生时，曾问邓先生，您研究了王安石、陈亮、辛弃疾，下面该研究朱熹了吧？邓先生回答，朱熹的学问大，研究不了。我猜想，熟悉辛弃疾对朱熹的高度评价的邓先生，大约不至于看不起朱熹，只是，我觉得邓先生比较喜欢和比较注重研究的是有"英雄"气的爱国志士，如岳飞、陈亮、辛弃疾。这种偏好当然与抗日战争的家国经验有关，但一贯欣赏、推崇陈同甫"推倒一世之智勇，开拓万古之心胸"的邓先生，对我所研究的、主张"涵养须用敬，进学在致知"的哲学家朱熹，恐怕是多少有点敬而远之的。因此之故，我就不敢经常去打扰他了。

1986年，我因《朱子书信编年考证》定稿的过程中，对宋代致仕制度有所不明，曾问过邓小南，那时她在俄文楼参加英语班，随后我即赴美。次年秋天，我到纽约开的中国留美历史学会讲演，遇到在马里兰访问的小南。1988年春天，我和内人与杜维明教授一家在安那阿巴拉杜先生岳母家玩，回波士顿时，杜先生送我们到火车站，在车站又遇到小南。这两次遇到小南，提醒我把在美国找到的一些材料送给邓先生看。盖因先前我在哥伦比亚大学图书馆，见有台北故宫博物院影印的《晦庵集》，从未见过。此集刻于朱熹生前，印本后附昌彼得跋，言此集中有许多佚文。我翻阅之下，即发现昌氏所说佚文，其实在《朱子文集》中皆已有之，只是题名有异。但此书亦有价值，即其中所录与人书信，完整保存了书信前后礼节用语及时日，这对考证行年的人很有意义。1989年春，我去拜访邓先生，将其中与陈亮有关的部分复印件，连同我写的一篇介绍文章，送给邓先生。当时邓先生送了我《陈亮集》的增订本。

1990年，我去找邓先生帮忙。起因是，在1989年评职称的时候，开始有任副教授不满五年可破格升等正教授的规定。我当时已任副教授四年，但并没有意愿申请，系领导朱德生先生要我申报，于是就报了。我报的新著是《朱子书信编年考证》，结果未成，这我倒不在意。但我所在意的是未成的理由，据朱先生告诉我，哲学系的学术委员会有同志认为此书只是我作朱熹哲学研究的副产品，而不予赞成。这等于否认了《考证》一书的独立的学术价值，这是我完全不能接受的。到了1990年再评职称时，我虽然又增加了《有无之境》等（那时已印有校样），但朱书一事，仍未能去怀。既然系里和教研室不能为我说话，于是我就想起找邓先生评断。邓先生作过稼轩词的编年，又是宋史研究的泰斗，他是评断此书价值的最高权威。邓先生见我如故人，听我说完情况，立即应允为我写评语。几天后去拿，见邓先生不顾手的颤抖，竟为我写了整整一页,我觉得有点惊讶,小南说:"你的面子这么大,还能不给你写?"其实在邓先生面前,我这后学之士哪里有什么面子可言,这完全体现了邓先生对后学的大力提携。

邓先生的评语题为"我对《朱子书信编年考证》的评价",针对哲学系有些同志的错误认知,邓先生写道:

> 陈来同志所撰《朱子书信编年考证》一书,是继他的《朱子哲学研究》一书而出版的另一新著。……它实际上是可以与《朱子哲学研究》并行的一种独立的著作。在南宋中叶,朱熹在学术界思想界享有极其崇高的地位,当时的学士大夫与他具有学术、思想上的联系的,实繁有徒,·因此,朱子书信的涉及面便极为广泛。唯有像陈来同志之具有深厚的功力,才能进行博洽的稽考,才能由表及里、由此及彼地对这大批书信的作年及其受者作出精审确凿的考证,从而不仅使朱子思想见解的先后发展变化的脉络有线索可以寻溯,而凡其时与朱子有学术关联的广大学者的思想言论,依此书所系年次而加以追寻,也大都可以藉窥其端倪。故作者若以此书为基础,再扩而充之,则更将成为南宋中期的一

北京大学
PEKING UNIVERSITY

我对《朱子书信编年考证》的评价

邓广铭

陈来同志所撰《朱子书信编年考证》一书，是继他的《朱子哲学研究》一书而出版的另一部著。这本新著，乍看似乎只是他撰写《朱子哲学研究》的一种副产品，论初，区别附属之蔚有大回一样，它实际上是可以与《朱子哲学研究》并行的一种独立的著作。在南宋中叶，朱熹在学术界思想界享有极其崇高的地位，当时的士大夫与他具有学术、思想上的联系的，实繁有徒。因此，朱子书信的涉及面，便极为广泛。唯有像陈来同志之具有深厚的功力，才能进行博洽的稽考，才能延及甚由此及彼地对这大批书信的年代及其受著作在精审确凿的考证，从而不仅使朱子思想见解的先后发展变化的脉络有线索可寻觅，而且见的与朱子有学术关联的广大学者的思想言论，依此书所系年况而加以追寻，也大都可以蒐窥见端倪。故作者苦心此书为基础，再扩而充之，则定将成为南宋中叶的一部《学案》，或将成为读此书的一部《百家争鸣实录》，对于南宋时的学术史、思想史的资料而铜勒和实况的探索，是全都有所贡献的。总之，这本《朱子书信编年考证》是一本极见功力的著述，也是一本具有广泛作用的著述。

邓广铭先生对《朱子书信编年考证》的评价原文

部《学案》，或者成为该时期的一部《百家争鸣实录》，对于南宋期内学术史、思想史的资料的钩勒和实况的探索，是全都有所贡献的。总之，这本《朱子书信编年考证》，是一本极见功力的著述，也是一本具有广泛作用的著述。

有了邓先生的支持，我的升等顺利通过。后来的事实也证明，此书的价值正如邓先生所说，得到国内外学者的积极赞许。邓先生对我的这段恩情，外人甚少知道。我把邓先生的这篇文字拿出来，就是想为大师奖掖后学的风范，多添一个事例。

1994年秋天，一日忽想起青年时记忆的稼轩词《江神子》，可是最后两句怎么也记不起来，即随手给邓小南打电话。她查后告诉我，并说《稼轩词编年笺注》新印了，邓先生说送我一本。我大喜之下，即骑车往朗润园，邓先生与我亲切相谈颇久，中间特别提到四库存目等等。

我在八十年代后期以后与邓先生的几次谈话中，颇感受到他身上所浸染的北大新文化运动的影响之深，此即科学与民主精神的影响。后来看到他的自传，对此认识

与朱伯崑先生摄于潭柘寺，1993 年

更深了。

邓先生民国元年入村塾，当时新编小学国文教科书已传到乡间，但正规读物仍是《三字经》、"四书五经"，邓先生当时即以为这"实在未免既低且俗且陋，怎么也不配称之为启蒙教育"，可见他对旧学已相当厌恶。进县城的高等小学后，他从一位教员处借得《胡适文存》，对新文化运动有了初步印象。他到山东一师后，校长热心于新文化运动，倡导学生多读京沪两地的报刊，延请北大教授短期讲学。受此影响，邓先生积极参加文化社团活动，博读新书。他后来回忆说，当时崔东壁的几种考信录和罗曼·罗兰的《贝多芬传》给他的影响最深。由此可见，他的心灵完全是"求新"的，没有丝毫的守旧。

北洋军阀时期，山东一师采用复古教育，受新学影响的邓先生自然"深感腐臭之气不可奈"，故与同学举行全校罢课，要求驱逐校长和某些教员。其结果，是在开除学籍的布告上，邓先生成了名列榜首的一人。"在山东第一师范读书四年半，这时期我竟成了一个醉心于北京大学的人"，很明显，邓先生之"醉心"北大，不仅是学业的，更是思想的。他后来在北大与胡适、傅斯年往来甚密，受知于二人，也显然不仅出于学术的理由，更是因为他仰慕胡适、傅斯年的新文化主张，受到他们所主张的新文化运动启蒙精神的重大影响。直到他晚年对四库存目丛书的批评中，也未尝不可以看到此种精神的表现。九十年代初，他对北大学生军训的批评，更是这种精神的直接表达。我觉得，他自己的内心始终充满着"启蒙与救亡"的双重追求和渴望。这是我们了解这位史家决不能忽视的地方。

虽然内心盛着启蒙与救亡的关怀和渴望，但学术的建树更是一个史学家个人的终极关怀。朱熹死后，辛弃疾有祭奠朱熹的文字，称"所不朽者，垂万世名；孰谓公死，凛凛犹生"。梁启超暮年著《辛稼轩年谱》，写至此四句而驻笔。邓先生曾说："这几句竟成了梁任公的绝笔，实际上也就等于任公自己写就了挽辞。"邓先生自己在生命的最后时日，几次吟及这四句，这既可见中国古人以立言而垂名"不朽"的观念对他影响之深，用蒂立希（Paul Tillich）的话，也可以说这四句话构成了邓先生晚年个人的"终极关怀"。他八十五岁接受访问时说："已经面临'蹈火'之年，头脑和手眼都已不好使唤，因此终日焦躁不安，只想能把全副身心扑在这些工作上。"他晚年所以坚执重写《王安石传》及修改其他著作，为不能全身心从事于此而终日焦躁，都是为其学术名誉的传世久远负责。这种对著述的"高标准、严要求"，对于他而言，并非是单纯的学术"精益求精"，而是以中国文化中此种源远流长的"不朽"的终极关怀为基础的。这大概在许多老先生都是如此。

的确，他在宋史研究方面的贡献无疑是不朽的。事实上，他在宋史学界的地位早在四十年代陈寅恪为《宋史职官志考正》的序中已经确立，"先生始终殚精竭智，以建立新宋学为务，不屑于假手功名之士，而能自致于不朽之域"，且已点出"不朽"二字。顾颉刚当时总结三四十年代宋史研究时，也对邓先生的工作给予了高度评价："《宋史》成于元末，最为芜杂，明清两代欲为之改作者极多，或其书未成，或已成而不餍人望。邓广铭先生年来取两宋各家类书、史乘、文集、笔记等，将《宋史》各志详校一遍，所费的力量不小，所成就亦极大。"（《当代中国史学》）在此之后，邓先生便成为公认的我国"宋史研究开山者和奠基者"（黄宽重语），宋史学界皆尊之为"空前的权威，当代的泰斗"（徐规语），能得到前辈史学大师和在世同行的如此赞许和推崇，足以昭示出，"自致于不朽之域"这句话对于邓先生，是众所公推而当之无愧的。

2001年6月14日于蓝旗营新居

（原载《读书》2001年第9期）

史家本色是书生
——周一良先生《毕竟是书生》读后

　　周一良先生是我素所敬仰的前辈。七十年代前期，还在大学念理工科的时候，已经读了他和吴于廑先生主编的《世界通史》。1980年，京都大学的岛田虔次先生在北京讲演，我往趋听讲，当时周先生在主席台上陪坐，间或指出翻译的差错，使在座者莫不羡服。后来我在哈佛，杨联升先生又跟我说起过他与周先生四十年代在哈佛读书、教书的一些趣事，故尔后对于周先生，更是怀了一种亲切的敬意。只是我的专业不是史学，也就没有什么机会向周先生请益；有时想去拜望他，连带着索书什么的，却因他年高有病，终难下决心去打扰他。

　　就是因为难下决心去打扰他，所以当友人送给我这本心求多日的《毕竟是书生》时，心情的快慰，可想而知。这一本《毕竟是书生》集周先生文章共九篇，其中有几篇我曾读过，特别是《纪念杨联升教授》一文，其中有一段说，某年周先生与杨先生分别二十多年后在北京饭店晤面，在饭店门口告别时，杨先生突然说："咱们行个洋礼儿！"两人紧紧拥抱。多年前我读到此处时，便产生了一种莫名的激动，而且常常回想不已。这是他们深厚的友谊、淳厚的人格使我产生的感动。

这本《毕竟是书生》的九篇文章中，不论从篇幅上还是内容上，以首篇自传《毕竟是书生》为最重要，所以仅就这一点来说，以这一篇的篇名作为书名，也是很自然的。然而，"毕竟是书生"不仅是自传的篇名，也是另外几篇回忆文章的主题，而这五个字之用，在周先生来说，决非泛泛文学之词。他曾以这五个字刻了一方图章，并说"'毕竟是书生'五个字深深触动了我"，"实际上也可用以概括我的一生"。明乎此，才能理解这五个字的意义对于周先生确非寻常。

一

我细细读完这本周先生的自传，慨然良久。周先生的文笔，"端雅整饬，收放有致"，令人佩服是不用说的了。

他戏称此大半生为"这一趟"尚未到达终点的车。我合卷以思，观想其旅程之曲折变化，不由得生出许多感叹。周先生的家世是世家大族，而尤有意味的是，其曾祖以下，至其尊人，乃呈现出晚清封建大吏旧家到近代民族资产阶级家族的演变，而他自己，又是20世纪中期以来中国文化教育界波澜起伏的一个见证，这周家本身便是研究20世纪中国历史的一个个案。

首先使我吃惊的是，周先生生于民国之初，可是居然未曾进过小学、中学。他在"五四"以后入家塾开蒙，从塾师读书十年，然后径考入燕京大学国文专修科。这在前辈国学大师中当属"异数"。如钱穆、顾颉刚等，都曾由私塾而入新式小学、中学，梁漱溟更是一开始就受新式教育。周先生比这些大师还晚一辈，却有此种经历，令人称奇。虽然说即使在新中国成立后的上海也还有这样的个别情形，但对大家熟知的、以"学贯东西"闻名的周先生而言，这一点还是令人印象深刻的。

周先生入塾读书，不读《三字经》，而从《孝经》开始（这还是汉代旧制呢），继以《论语》《孟子》《诗经》，而后读《礼记》《左传》《仪礼》《尚书》《周易》，又读《史记》《韩非子》《古文词类纂》，习作桐城古文。这些安排，出于周先生的父亲，由此可见周先生父亲当时思想的保守，但也确实为周先生打下了坚固的古典文献的基础。特别是家馆中还请了像唐兰先生这样的一流人物讲《说文》，周家子弟小学方面的基础，也自不待言了。及周先生稍长，家塾中又请了日本人和英国人教日文与英文，读日、英中学课本，周先生的外文基础，真的又不是常人所能相比的了。

最重要的是，在此种家庭和此种教育下的培养与熏陶，造就了周先生的基本人格与道德，史家知人论世，必始乎此。

二

周先生从燕大国文专修科转到辅仁历史系，寻转到燕大历史系，受学于邓之诚、洪业诸先生，治史的方法与训练，主要来自洪业，毕业论文也是由洪业指导的。1935年燕京毕业后，继续在历史系读研究生，同年开始到清华旁听陈寅恪的魏晋南北朝史课，"倾服得五体投地"，又搜读陈寅恪论文，崇敬之心更增。次年，俞大刚向陈寅恪推荐周先生到史语所工作，竟获通过。周先生在书中虽然没有说其中的缘故，但也可见周先生的才学已得陈寅恪的欣赏，当然，周先生的出身也必令陈寅恪满意。

周先生在史语所历史组，即专研魏晋南北朝史，与陈寅恪常常有书信往来，讨论疑难。"后来陈先生（寅恪）在"论司马睿传"一文中，曾深情地忆及这时情形，奖励有加"。这指的是1941年陈寅恪在香港时写《论〈魏书·司马睿传〉》一文的前言，其中说："噫！当与周君往复商讨之时，犹能从容闲暇，析疑论学，此日回思，可谓太平盛世。今则巨浸稽天，莫知所届。周君又远适北美，书邮阻隔，商榷无从。握管和墨，不禁涕泗之泫然也。"周先生这一时期所写的论文与燕京的路子已有不同，大受陈寅恪的影响，取得了令人瞩目的成绩。陈寅恪此时对周先生甚为赏识，除了周先生已显露的史学才力外，周先生在日本文史方面的造诣，也很得陈寅恪的表扬，以至于1939年周先生向陈寅恪报告将赴哈佛修比较文学时，陈回信说："彼处俄人当从公问日本文史之学也。"

周先生到哈佛，是洪业为燕京大学的长远打算而安排的，欲使周先生修比较文学，回国后安排到燕大国文系，也达到把周先生从史语所拉回燕京的目的。周先生赴美则有自己的想法。早在清华听课时，周先生就"心里有种感觉：别位先生的学问，如果我努力以赴，似乎还不是达不到；而陈先生（寅恪）见解之敏锐、功力之深厚、知识之广博、通晓语言之众多，我是无法企及的"。及燕京安排给周先生哈佛燕京奖学金赴美留学，是作比较文学，而周先生的私计则在魏晋南北朝史和追步陈寅恪的学问境界："私心认为赴美也有利于我魏晋南北朝史的研究。当时崇拜陈寅恪先生的学问，以为他的脑筋以及深厚的文史修养虽非努力所能办到，但学习梵文等文字，肯定有助于走他的道路，而去哈佛可能多少达到此一目的。"所以到哈佛后，经与导师相商，其专业由比较文学改为日本语言文学及梵文，"来美以前的盘算得以实现"。"在哈佛的五年学习，便以日文为主，以梵文为辅"，不过由于他日文根柢较好，在时间上反而学习梵文的使用更多。

周先生1944年在哈佛以《中国的密教》博士论文取得学位，而后在哈佛受聘讲授日文两年，总共在哈佛七年。在此七年间，周先生不仅日、英文已达精熟，梵文阅读也达到"享受从容研讨的乐趣"，通过了法语、德语的考试，选修了拉丁文和希腊文，七年中共学了七门语言。正如普林斯顿大学的余英时教授所说，"周先生当年是大家公认的传陈寅恪先生之学的后起健者"，以周先生的国学根柢、魏晋南北朝史研究的成绩、他所受的史学训练和他在哈佛所学的多种语言，在抗战后的当时，恐怕也只有周先生才当得起"公认可以传陈寅恪之学"的学人。周先生从1936年到1946年的努力，也是以此为目标而求其实现的。所以1946年，当他怀着"漫卷诗书喜欲狂"的心情，偕妻挈子刚刚返国，傅斯年就约周先生到史语所任历史组组长，并写信给胡适，说"周一良恐怕要给他教授，给教授也值得"。不过，为了追随陈寅恪，周先生还是应聘任了清华大学的教授。在清华所作的研究，主要仍是写了关于魏晋南北朝和翻译佛典方面的论文。由此来看周先生的发展方向，毫无疑问，如果没有环境的大变化，相比于已经失明的陈寅恪来说，这位"公认可传陈寅恪之学"的书生史家，其大展宏图的发展前景，已经是指日可待的了。

三

然而，应了那句老话："形势比人强。"虽然以周先生的心志才力、史学训练、语言能力和已有成绩，步陈寅恪的后尘，甚至做出超迈陈寅老的研究成绩，是可以期望的；可谁又料得到后来的三十年中的大折腾、大变化给

这位本来学术前景无限光明的学者带来的影响！遭受那
"许多污辱与坎坷"就且不说，只"浪费那么多有用的光
阴"这一条，留给我们作旁观者的，又岂止是感叹！

照搬苏联教育体制的第一重大结果，是1952年院系
调整，周先生由清华历史系主任转到北大任中国古代史
教研室主任。1954年，按照苏联教学计划，历史系高年级
应开设亚洲史，于是北大历史系动员周先生改行，建设亚
洲史课并主持这个教研室。"我本着服从需要的信念，决
心放弃多年积累，同意从头做起，去建立亚洲史教研室
及课程。"直到七十年代中后期，他才回到魏晋南北朝史
的研究。想当时，以周先生的性格，自然是服从需要，"党
让干啥就干啥"，不过，就算周先生不想服从，恐亦不可
得。可是这"放弃多年积累"，对一个史学家来说谈何容
易；而"放弃了中国古代史"，不也就意味着根本上离开
了周先生多年追求的传承陈寅恪史学的目标吗？

倘在安宁宽松的学术环境下，就算改行，以周先生
过人的才学，在这些领域的发展与造诣亦不可限量。君不
见，"从头做起"的周先生，在十年多的运动间歇中，就已
在日本史、亚洲史、敦煌学等领域多所建树。然而，运动不
饶人，肃反、反右总算没有沾边，"1958年以后的大跃进、

人民公社、拔白旗、师生合作编教材、诗画满墙等等活动，我都跟着滚过来。"这"滚过来"的字眼用得妙极，有点"连滚带爬"的味道，而到了"史无前例"的"文化大革命"，那遭遇就远不是"连滚带爬"所能形容的了。

周先生在文化大革命中被扣以"反动学术权威""走资派""反共老手""美国特务"等帽子，经历了数不清的大小批斗会，"受够了人身侮辱"。其实，"侮辱"二字还是轻了，"一般是喷气式"，"硬是几个人把我按住跪倒在地上听他们咆哮"；又一次"红卫兵揪住我把头往墙上撞，反复多次，撞得我眼冒金星，天旋地转"；更有一次经历游斗，胸前挂着大牌子，"乘坐活动的喷气式飞机，两臂被人抓住，向后高举，脑袋又被使劲往下按，这种姿势下还被推着行走，恨不得几步就趴倒在地，实时又被揪起"；"我向前趴下去，只有嘴啃地，而坚硬的牙齿碰地就不能不吃亏。我游完以后，上下门牙好几个受伤活动，几个礼拜不能咬东西"。牛棚内外的"劳改"更是家常便饭。北大老教授在"文化大革命"中所遭受的非人折磨，季羡林先生在他的《牛棚杂忆》中有全面的描写和精到的分析，周先生的经历，为之增加了一个实例。

就全国或北大的那场"浩劫"而言，增加周先生一个例子不为多，减去周先生一个例子不为少。可是看到周先生的亲笔记述，遥想当年在哈佛园内游刃有余、风华正茂，中国史学界一致看好的周一良先生，再想想什么是"污辱"，什么是"浪费"，又岂能不令人叹惜再三呢。

四

现在来看周先生的思想。他的前期经历很简单，世家子弟，家庭规矩甚严，接受过极好的传统教育，燕京大学毕业、"中央研究院"助理研究员、哈佛大学博士、清华大学教授。这样的家庭，这样的教育，这样的长期海外求学的经历，其"产品"当然就是一介思想单纯、不懂政治、一心于史学的"书生"。1948年清华新中国成立时的周先生，就是如此而已。

1949年10月1日，周先生"在天安门广场听毛主席宣布'中国人民站起来了'，感到万分激动"，这也是那一代忧患于中华民族的积贫积弱、对国民党彻底失望的老中青书生的共同心情。随着新中国成立、土地改革、抗美援朝、知识分子思想改造，短短两年时间，知识分子的思想发生了根本的变化。新中国成立初，周先生曾先后在北京、西南参加土改，"对贫下中农的贫苦生活有所体会"。回到北京听周恩来总理关于知识分子思想改造的报告，周先生感到"对我很有启发"。这也是当时许多知识分子的共同经验。以周先生这样一个思想单纯的书生，面对新中国的巨大变化，处在欣欣向荣、万象更新的五十年代前期，又经历了思想改造的运动，他的思想必然和同时代大多数人一样，转变到积极支持共产党的理想和社会主义建设上来。1956年有许多知识分子入党，标志着这一思想过程的完成，周先生也是其中之一。

政治态度只是基本政治立场，并不代表一个人的人品道德、处世态度、工作作风。多年以来，有两种认识的误区：一是有些共产党的组织工作者常常倾向于认为一个人拥护共产党和社会主义就足以表示其道德、生活的态度完美；一是西方学者往往认为一个人信仰共产主义则个人道德生活便不足取。这两种错误的看法都是把政治主张与个人道德混为一谈。事实上，人的道德、作风受早年的家庭与教育经历的影响甚大。

我与周先生并不相熟，但我读此书后，深感其家庭文化影响其性格非浅。周先生生长于传统文化氛围甚浓的旧家，自幼接受儒家文化教育，他的人格有着儒家伦理道德的深刻影响。同时，他的父亲两度续娶，子女众多，此种环境对他的品行的养成也有重要的影响："我是十个兄弟姊妹中的大哥，这个表率地位与我以后'一生唯谨慎'和循规蹈矩的作风不无关系。"此外，周先生在为人处世、出处大节上，也很受他那著名实业家、藏书家的父亲的影响。小心谨慎、循规蹈矩、清正平直，是周先生做人的作风，也是他书生一生的本色。

周先生的其他的思想行动，可以说都是在他的这种做人的作风之基点上引申出来的。正如他自己所说，"我生性小心谨慎，加之新中国成立后'原罪'思想沉重，认为自己出身剥削阶级，又在举国抗战期间置身国外，对不起人民"，这相当有代表性地表达了那一代知识分子在真诚信仰、努力紧跟的同时，所受到的一种外在的压力。所以，在日常工作中，他"一向兢兢业业，努力改造思想，从来循规蹈矩，按照党的指示办事"。劳动锻炼也积极参加，"新中国成立后我体力劳动增多，已经习惯，而且诚心诚意要求通过劳动锻炼改造思想"。说起来，支配他几十年行动的信条也很简单，就是"服从需要，不讲价钱，作驯服工具"。其实，透过时代的色彩，我们仍然看到那"恂恂儒者"的书生身影。

在历次政治运动到来之时，他都"诚心诚意、努力紧跟"，碰到"文化大革命"也是如此。他说："我那时思想很单纯：过去几十年远离革命，如今虽非战争，不应再失时机，而应积极投身革命（即运动），接受锻炼与考验。"这种无可怀疑的革命热情，在不少人身上都经历过。于是"文化大革命"一开始，他就把有"四旧"之嫌的东西烧的烧，砸的砸，一扫而光，其中包括多年保存的师友信札和哈佛大学的博士文凭。就连手上戴了二十八年的结婚戒指，也"是到海淀找师傅锯断的"。在那个年代，怀抱这种思想、采取这种行动的人，岂止周先生一个，在我们身边是见得太多了。"做这些事，一方面是主动要跟着革命，一方面也是被动怕惹麻烦"，这后一方面，其实是可能分量更重，过来人都理解这一点。"文化大革命"中，他到门头沟煤矿下坑道劳动，"当时自己的思想是，我家是开滦煤矿大股东，多年吃剥削矿工的饭，亲自尝尝矿工艰苦而危险的劳动的滋味，是很应该的。所以比在二七厂劳动更带劲一些。以后又随同学'千里拉练'，背着行李每天徒步几十里。那时我已年近六十，在拉练的教师中算年龄最大的"。

作为经历过那个时代的人，我们回过头来看那段历史,完全理解他那要革命的心情,由衷钦佩他那革命的精神,同时也仍然免不了替他那被所谓的"革命"消耗了的时间惋惜:在那样的年代里,他又怎么能去实现他的学术抱负?此外,虽然他的要革命是发自内心,但谁能否认当时社会对"从旧社会过来"的、出身剥削阶级的"资产阶级知识分子"的沉重压力呢?

所以,周先生当时能够说服自己做到两个正确对待("文革"和自己),既是他的性格在当时条件下的合乎逻辑的体现,也反映着那个时代大多数普通人的信仰状态,更是时代潮流的推动。事实上,两个正确对待是对千百万干部、知识分子的号召要求,而且,不正确对待,就别想"解放"。又有谁愿意永远当黑帮呢?因此,理解的要正确对待,不理解的也得正确对待,在不断的正确对待中加深理解。

林彪事件之后,学校党委根据"革命需要"调周先生等一批教师参加清华、北大两校大批判组,这个批判组是"上头"抓的,主要的任务是"批孔""评法批儒"。批林批孔运动是直接根据毛主席的讲话发展出来的政治部署,近年发表出来的相关文献更加证明了这一点。周先生与北大另外几位老先生,参加的是注释组工作,在历史典故方面为批判组的文章提供学术性的"把关"和咨询。在中央直接领导下工作，为毛主席的伟大战略部署服务，这在当时是一件令人羡慕的光荣的工作，周先生当然也认为"是为毛主席革命路线效力"，换了我们，也必然抱和周先生一样的看法。

尤觉难得的是，在时过境迁的今日，周先生自传中，不回避他曾有的真诚信仰，如实写述了他所经历的人生坎坷，更未忘记随处反省自己的过失，对批评自己的人深加同情的理解。如陈寅恪因对周先生接受马克思主义不谅解而删去江东民族文中奖赞周先生一节，周先生说："我不仅对此毫无怨怼情绪，而且充满理解与同情，毫不因此而改变对陈先生的尊敬与感情。"又如他在自传中提到，在六十年代的政治气氛中，在外事活动中"做了一些蠢事，失去了一些朋友"；他更对五十年代在反美浪潮中批判费正清一事痛加反思，以至把自己在"文革"中被打成"美国特务"说成是"自食其果"。所有这些，无不体现了他"实事求是"和"知人论世"的史家风节，也更增添了我对他的尊敬。

五

晚近十余年来，北大的几位前辈都有自传类的著述出版，引起学界和社会的颇大兴趣。因为北大是"文化大革命"的重灾区，故这些自传中提及的"文革"事迹，往往引人注目。这本属自然，不值得惊怪。但论者的反应中也有个别现象，在我看来不仅十分费解，而且颇觉不能通情达理，故每每有憾于心。我指的是，有些论者对这些老先生经受的坎坷痛苦毫无同情，却根据不实的道听途说横加质疑与苛责。这在我看来即使不是不负责任，也至少是缺乏同情了解的。

"文化大革命"中北大有些老先生如冯友兰先生、周一良先生等，在饱受迫害折磨之后，紧跟毛主席的战略部署，参加"批林批孔"，又曾由上级党委决定，参加清华、北大两校大批判组，作历史典故方面的顾问。站在今天来看，此事说开，亦属平常，但在"四人帮"被打倒以后很受到一些论者的不谅解，这些不谅解一方面是出于反对"四人帮"的激情和正义感，另一方面又是起于对具体事实的不了解，而盲目听信流行的谣传。周一良先生曾说："事情放在较长一段流光中来考察，就能较为超然，就能较为公正，就能实事求是，就能通情达理得多。"可是时过境迁，二十多年过去，周一良先生自传《毕竟是书生》出版后，我看了一些评论文字，觉得周先生所期望的四个"就能"并不是那么容易"就能"的。

我在为冯友兰先生所作的小传中曾写了一段："六十年代后期，先生已年逾古稀，却遭批判、抄家、劳动乃至隔离之厄，痛苦难堪，后以最高指示得以稍缓。时书籍悉为封存，报纸有口号而无消息，激进思潮裹挟一切，群众运动风起云涌。尤可叹者，领袖崇拜靡盖社会，世人鲜不醉于其中；影响所及，先生亦不能免，故曾随顺大众，参加'批林批孔'运动。外间对此不明而竟有疑之者，全不知其中情势皆需身置此特殊时代特殊环境始可了解，岂可以常情而臆议之。"这几句的意思，我以为也适用于周先生和其他老先生。需知，冯先生、周先生当时之参加大批判组，并不是先知其不对而参加之，而是信其正确而参加之。

我们论及那时的事迹，决不能脱离当时绝大多数人共享的"觉悟"水平。回想三十年前，"毛主席的指示""组织上的决定"，这些字在人们心中的分量，哪里是今天三四十岁以下的青年所能想象得到的。"批林批孔"是毛主席发动的,以当时绝大多数人的思想来说,只有紧跟的心情,哪有怀疑的余地,在北京高校这样正统的地方尤其是如此。那个时代的人,即使有想不通之处,也多认为是自己未能理解主席的高瞻、中央的远瞩,或主流枝节不同,而尽量使自己努力理解而已。更何况这些世事少知、书生气十足的老教授呢。

前年我在哈佛客座时,与周先生书中提到的关淑庄先生谈心,她也是四十年代在哈佛拿到经济学博士,五十年代初毅然回国,历尽坎坷,"文革"中与大家一样崇信伟大领袖,她到现在也还是无法说清楚为什么那时会有如此的"愚忠"(她自己的用语),而寻求这个问题的答案竟成了她晚年的一大心结。

1979年春,周扬在小说座谈会上见到宗璞,关心地问起冯友兰先生的情况,宗璞说起冯先生因两校大批判组事而被审查的事,周扬立即说:"在那种情况下,他怎么看得清。"知人论事,贵能通情达理,周扬的话,我看是"通情达理"的。试想,这些老教授远离上层内幕,对社会对政治的了解与我们普通人并无两样,他们能了解什么,看清什么?而他们受到如许的侮辱和折磨,浪费了他们最富创造力的学术生命期,以至造成对其个人和中国学术的不可弥补的损失，这倒不见有人为之不平和痛惜，却有人就其当年服从组织决定和需要所作的历史典故的事，屡加责疑，这岂止是不通情达理？我看到周先生书中所写的"我充分理解起初人们对'梁效'的同仇敌忾、义愤填膺，又感谢后来这种通情达理、公平正直的温暖"，颇生慨叹，周先生的话当然是发自内心，也是他的书生本色；但这原是组织决定、服从需要，本不是他的责任，他也为此受了两年严厉的审查，而今他还要对别人对他的伤害去表示"充分理解"和"钦敬"，这种委屈，怎么就没有人加以充分的理解呢？想想这几十年运动所带给这些老先生学术生命的浪费和伤害，我实在难于理解，何以今天还会有人有心情去责难、伤害这些受害的老先生呢？

跟着时下的某种风气随意指摘过去的人事，是最轻易不过的，也最易流为标榜。而要正确理解历史和历史境况中的人，还是那句老话：必须在当时当地的具体情况下具体分析，庶几才能做到知人论事，通情达理。

1988年我从美国访学回来，汤一介先生要我参加一个宴请，宴请的主客是美国中国历史研究的著名学者魏斐德。参加的约有十人，周一良先生也在座。汤先生在介绍作陪者时，特别介绍我是刚刚从美国回来，从哈佛回来。吃完饭，周先生特别跑过来，跟我说，"你从Cambridge回来？杨联升先生怎么样？"因为在哈佛的时候我和杨先生在燕京二楼他的办公室谈过两次，于是我就简单说了说我了解的杨先生的情况。我以前虽早闻周先生大名，但并不认识周先生，但这次周先生平易亲切的态度给我留下了深刻的印象。

1991年春夏间，江西同志为了组织国学大师丛书，在北大勺园开了一个座谈会，我坐在周先生旁边。当时我和周先生私语讨论，甲骨学方面台湾的董作宾先生，这里已故的陈梦家先生都应当收入。后来周先生补充发言，把我们的议论提出来，还提出不少其他建议。

我不订报，所以不看报，对报纸上的消息也不闻不问。所以周先生出版了他的自传《毕竟是书生》以及引起的一些谈论，我当时都不知道（那时网络还未流行）。1998年冬天我去香港开会，路过南方，在南方住宿的地方翻看报纸，才看到两篇关于《毕竟是书生》的评论，看后很不以为然。我当时的感觉是，上海的一些知识人，专门跟北京特别是北大的一些八老九十的老先生过不去，其实是欺负这些无权无势的老书生。回到北京，便到北大旁边的风入松书店去找这本《毕竟是书生》，但没有找到。可能因为这本书已经出版两年了。又去了一两家书店，也未找到。过了一个多月，在北大勺园开北大1999年春节团拜会，我正好和历史系主任王天有同志坐在一起，我就说起此事。我说，怎么也没人写文章，替我们北大的老先生说说话。我还说，我要是有这书，我就来写个文章。他说周先生的书都送他了，可是这本周先生没送他，所以他也没有。过了两天，友人阎步克打电话，说把周先生的自传放在我的信箱里一本。我当然很高兴，于是就趁春节放假的那几天，把书看完，并且写了一篇万字的文章，题目为"史家本色是书生"。

写好后，先节选了3000多字以"本色是书生"为题交《中华读书报》发表。全文则通过朋友跟《人物》杂志打招呼，想发表在该杂志上。《人物》的主编说他们没作过周先生，很希望用，但又怕我把重要的部分都先发在《中华读书报》上，所以希望我把文章传过去看看再定。我当时正准备去日本讲学三个月，想赶快把此事定下来，所以在听到《人物》的回话后，当晚就给《读书》杂志的编辑吴彬打了电话，吴彬很干脆，文章就定在《读书》上发表。第二天《人物》杂志又来话了，说发在《人物》上没问题。我说你们昨天一犹豫，我昨晚已经给《读书》了。其

1999年7月，与周一良先生摄于朗润园周家

实，文章写好后，本来先是想给《读书》的，但想到《读书》的影响太大，在《读书》上发表，引人注目，容易引起争论，所以才想发到《人物》去。《人物》一犹豫，文章当然又回到《读书》。我特别跟吴彬说，文章发的位置可靠后些，不要太起眼，因为这文章是为周先生说话的，不要又引起关注，反而打搅了周先生的清静。吴彬说，没问题，文章发表后，就是再有相反意见的文章也不登了。

文章发表在《读书》6月号，当时我人在日本。回国后，家人告诉我周先生托人带来好几本书，我一看，都是周先生的著作，其中《魏晋南北朝史论集》扉页上写有："大著高屋建瓴，达理通情，无任感佩，小书数册，供陈来同志一笑。一九九九年六月一良左手。"后来听说是托祝总斌先生送来的。《读书》杂志9月号刊登周先生小文《〈毕竟是书生〉中的几点错误》，说"我的自传《毕竟是书生》的个别书评的论点，我是不同意的，当然一笑置之。今日读《读书》6月号陈来先生的书评，觉得高屋建瓴，论证严密，通情达理，深为佩服。……"这是周先生看到《读书》上的拙文，当天给《读书》写的信。看到周先生的满意心情，我觉得很宽慰。

我自己有一种偏见，不喜欢那种闲情逸志的小品文，我主张文虽不必"载道",但言应当"及义",现代知识分子应当少一些文人气，多一些文化与道德意识的担当。

写于己卯年春节燕北园

（原载于《读书》1999年第6期）

追忆傅伟勋

　　哲学、宗教、思想研究领域的朋友，都知道海外学者傅伟勋的大名。他早年在台湾大学哲学研究所毕业，在伊利诺大学得到哲学博士，后在美国天普大学教书几十年，主持佛学与东亚思想博士班研究。三联书店印过他的《从西方哲学到禅佛教》，颇流行一时。

　　1996年11月的一天，我的学生向我说："听说傅伟勋去世了？"我吃了一惊，立即让他查证消息的真伪，并嘱咐他找一份台湾报纸正式发布的消息。回家打了几个电话，都无人知道此事，最后，还是在跟庞朴先生的电话中得到了证实。不久也收到了报纸消息的复印件，读后觉得他的去世并没有得到应有的重视和评价，心情既沉重，又不平。曾与好几个师友谈起，力促他们写些文章。至于我自己，当时没写文章的原因，虽然部分地是因为马上要赴美国讲学，但更主要的是觉得那些师友比我更有资格、也更有责任来写。而现在，他的过世虽然已经一年，每想起来，仍然不胜感慨。

傅伟勋教授，我习惯称他为"老傅"。其实，在我们身边，有很多人，年龄相仿，但得到我们的称呼却不同。比如学界与傅伟勋年龄差不多的海外学者，与我们熟识的程度也差不多，但我们一般都称以"教授""先生"，是从不敢在前面乱加以"老"字的。但对傅伟勋就不同了，你和他很快相熟，然后要想再以"先生"什么的叫他，自己倒先不自在起来，显得"生分"，不自然。只这一点，就颇能体现出傅伟勋其人的独特魅力。

他是一个热情的人，喜欢动，好像不容易静下来。他对人没有一点大学者或者前辈的架子，常常打趣开玩笑，说话的嗓门很高，时不时地放声豪笑。喝起酒来，更加兴奋，一个桌子全听凭他一人主宰，大家也乐得如此，不寂寞。同时，在他的豪放的笑声后面，还有细心、敏感的另一面。他1982年在美国夏威夷、1985年在日本筑波借酒沟通大陆和台湾的学者，是他每每引为自豪的"杰作"，既体现他的热心，又足以表现他的细致。他是一个号称"老玩童"的人，但1994年在日本福冈开会的一个晚上，

我也亲眼看到他因只有不多的人响应他的聚会号召，而整晚寡言少语、郁郁不乐。

书归正传，说说我与老傅交往的个人的经验。从我个人的角度来看，老傅的第一个难得之处，是他勇于放弃旧说，从不固执己见。1987年夏天，我同杜维明教授一家到缅因州去玩，在车上，杜教授问起我对《当代》杂志新刊出的老傅的论冯友兰先生的文章如何看法，我当即用了"下笔轻易，气象不佳"八个字表示了我的不满意。想必我的批评通过杜教授传到杂志主编金恒炜又传到老傅的耳中，他对我们的批评很在意。1990年12月冯先生去世，《中国时报》邀老傅写一篇文章，他一改以前在《当代》的提法，文中所说十分平实，而且比较能有同情的了解，并且更明白申明："我对他晚年的行为的苛评，今天重新'盖棺论定'，应该收回。"发表后他特意复印寄我一份，我立即回信，表示同意他的文章，并且对他的这种态度大表赞佩。只从这个例子也可以看出来，老傅是一个非常真诚的人。

老傅的第二个难得之处，是他对大陆学者特别帮忙，对两岸文化的沟通极其热心。有一年（记不得是1989年或1991年）他曾经对我说："只有我和杜维明是真心帮大陆学者的！"他指的范围当然是海外比较有名的学者，从到今天为止来看，其实这些学者中帮助大陆学者的朋友不少，不过，在1989年以前，情况确如老傅所说。

老傅的确是较早的能够欣赏大陆学者研究的海外学者。就以我个人来说，我第一次认识老傅是1985年在日本筑波大学开国际退溪学会议上。开始时还不认识他，因有人托我带信给成中英教授，所以先认识了成中英。照相那天，我站在成中英旁边，听成中英叫他"Charles"。在退溪会上，他被安排作大会主席，说一口流利的日文。后来一个晚上，大陆学者和台湾学者一起喝酒，他最为活跃，左牵右连，起了促进沟通的作用。第二年春夏间，他应中国社会科学院宗教研究所之邀来北京讲学，在北大的一次讲座是在临湖轩西厅，听讲者为青年教师和部分学生。1986年我赴哈佛研究，便在《文星》上面看到他写的访问大陆和介绍李泽厚的文章。不久收到他的来信，时间大概在1987年初，请我写文章给《文星》，并说他不久要再访大陆。我因见他对大陆思想学术的最新动向特别是青年学人精英的活动了解较少，所以就写信给他介绍一些情况，后来他还把我的介绍写进他的文章，收进他的文集。1988年夏天在新加坡开国际儒学会，海内海外两岸三地学者聚集一堂，相当精彩，会议快结束时吃

与张岱年、季羡林先生在北大一院会议室，2002 年 10 月

1988年在新加坡参加会议，左三为傅伟勋

饭，我与老傅及其他几个学人一桌，他说："1985年在筑
波见陈来像个大姑娘似的，也不说话，这次看来有两下
子。"1996年夏，在中研院开儒家思想研讨会，我送他新
著《古代宗教与伦理》，没两天他便带了立绪的总经理钟
小姐来，希望把我的书介绍推荐在台湾出版。

　　我个人的这些例子，只是他与大陆学者交往活动的
点滴而已，在促进、推动两岸交流方面，他的活动和贡献
是很广泛的。八十年代以来，到过大陆而且停留时间比他
长的海外学者不少，但只有老傅写了大篇大篇的文章，对

大陆老中青学人,特别是中青代学人的思想、著述、活动向海外作了详细的介绍。他对两岸文化的交流是做出了历史性贡献的,将来在历史上是应大书特书的。

老傅的第三个难得之处是,别人送给他的书,他会认真地读。像他这样的知名学人,大概极少有人能像他这样做到这一点。1989年4月,他陪星云法师到大陆,北京之行快结束时在和平宾馆宴请,他对我说,你的《朱熹哲学研究》比某某人的书好得太多。后来他在一篇文章中特加推崇:"另一学术价值极高的博士论文是现任北京大学哲学系副教授陈来的《朱熹哲学研究》,……此书成就已在已有的朱熹思想研究之上……算是当前中国哲学(史)研究方面的一部有真正高度学术价值的力作,值得推许,……实可看成大陆学者研究中国思想文化的学术典范。"(《大陆文化与学术的新近发展述评》,载《从创造的诠释学到大乘佛学》,367-368页)使我深深体会到他奖掖后进的诚恳,也为自己的研究有此知音而甚觉欣慰。从他的评论文字可以看出来,若没有细读过此书,是写不出那些文字的。

1994年4月在日本福冈开东亚传统文化会议,第一天下午到达,晚上见到他,我送他新出版的拙著《哲学与传统》。第二天一早碰到他,他问我要吃什么,我说随便,他说他喜欢吃日本餐，我说好，跟你走。吃饭时又遇见许多朋友，在桌上他问我，你的新书有没有送给杜维明（因为我这本书是题献杜维明的），我说还没有，杜维明还没来。然后他借此书又把我大大表扬一番，特别强调"你将来是大师级的！"也不管周围的其他朋友感想怎样，其实在座有好几位是我的师长，弄得我颇觉不好意思。显见得他已在一个晚上把我的书翻读过一遍。1994年6月他从台湾寄给我一篇他写好不久的文章《儒佛道三教合一的哲理探讨》，其中特别引述我的《有无之境》中对王阳明与湛甘泉有关儒佛融合问题的三次辩论的独到研究及看法，后来一次碰到他，他还就这个问题问我："你怎么会找到那些材料？"拙著《有无之境》中确有不少发人所未发而自以为得意的地方，而能得到老傅这样的行家慧眼的注目，怎么会不使人产生知音之感？从这个例子也可以看出他是很认真地读别人送给他的书的。在这一点上，我受老傅的影响，凡友人送我书，我都会抓时间通读一遍。并且我一直认为，老傅在哲学和宗教领域的学术眼光是非常高明的，这完全不是仅仅因为他表扬过我的书，而是我觉得有他这样眼光的人真的是很少。

老傅是很有热情的人，但也是很清醒的人，他对政治相当了解，但他对知识分子的政治性活动往往不以为然。

1991年2月在夏威夷开会，当时海内外知识分子政治激情仍未减退，倡导反思的人则甚少，会议快结束时一起吃饭，老傅两杯酒下肚便动了感情，激动起来，一本正经地发了一大通议论，大意是说，我们知识分子其实是最没用的，不要以为我们在政治上能对国家起什么作用，知识分子的本分就是在学术思想上做开创性的工作，等等。我当时觉得老傅是借了酒来说出这一番与流行议论不同的痛切的意见，是有感而发的。

我对老傅的学术一向十分敬佩，他的研究领域很广，在哲学和宗教方面的造诣相当深厚；他的流利的日文，据沟口雄三教授说"和我们日本人一样"。他写的有关现代儒学、佛学的论文，一出手就是洋洋数万言，条理细密，气象宏阔，今人少见其比。他在人文学方面，尤其是哲学和宗教方面的学术判断力极高。他的过世，使我深深地、真切地感觉到失去一位可以依赖的学界师友，这种损失至少对我个人来说是无法弥补的。他的坦荡、真诚的笑貌，会长久活在我的记忆和怀念中，不会消失。

写于1997年12月

（原载《人物》1998年第5期）

小忆何炳棣先生

何炳棣先生在美国西部时间2012年6月7日病逝于加州，享年九十五岁。

何炳棣先生的大名，在七十年代前期就在报纸上特别是《参考消息》上多次看到，应该说是如雷贯耳。八十年代在美国也听到过一点他在美国学界跟华人学者关系的故事。而第一次见到何炳棣先生是在九十年代中期，1994年，在中国艺术研究院中国文化研究所的一次会议上。这次会议是请何炳棣先生做报告，内容是中国文化中有永恒意义的东西。何先生报告后进入讨论提问阶段，我看没人要说话，就第一个起来说话，大意是很敬仰何先生的史学成就，请何先生把自己治学的心得给大家提示一二，云云。报告结束后，跟何先生交换了名片。不料，晚上何先生竟给我打了一个很长的电话到我家里，记得那时我还在蔚秀园住,何先生询问了我的师承、研究重点等,态度很亲切。我想这是因为他知道了我跟冯友兰先生的关系,可能有所注意,因为后来他几次写文章都提到冯友兰先生在老清华时代的贡献。

不过此后一段就跟他没有什么见面的机缘了,说实话,我对这位老先生也抱"敬而远之"的态度,因为九十年代初期他在《二十一世纪》上批评杜维明先生"克己复礼"诠释的文章,做哲学史、思想史的学者都对他的批评不以为然。我跟杜先生思想较为一致,所以也就不敢跟他亲近,主要是怕他对我们研究思想史的学者(特别是研究儒学的学者)怀有偏见。

1998年4月,我在清华甲所开会,突然看到他住在甲所,于是下午去看他,并送给他我的《古代宗教与伦理》。因为他这时候开始注意先秦思想史的问题,如孙子、老子,所以我们谈了两个小时。1999年至2000年,我在香港中文大学教书,大概是2000年春天,何先生来中大讲演,头一次是全校的,第二次是在历史系。在历史系那次讲演中,他主要讲了他自己的治学成就对青年学子的指导意义,我记得包弼德也在场,讲话中他两次目光对着我说"陈来老弟,……",他还认识我,使我觉得这老先生的记忆力还真是惊人。2003年，他托人带给我两本他的《有关孙子、老子的三篇考证》，要我代送其中一本给张岱年先生。

2004年6月，我到史语所作特别访问，在活动中心地下一层书店买了他的新书《读史阅世六十年》，仔细读过，感佩良深。觉得老一辈留美学者的奋斗与成就，真是不容易，他一生"打"字当头，奋斗不息（如"打进第一流期刊""打进第一流学府""打出'汉学'藩篱""打进社会科学园地"），其精神与成就都值得大力表彰。所以当2011年春，《人民日报》邀我写"我的读书观"，并推荐一本书时，这时我已经转入清华，自然就想到推荐清华校友何先生的这本书。我就写了"智山慧海传薪火"一文，后面附推荐词："《读史阅世六十年》：何炳棣著；广西师范大学出版社出版。何炳棣是在西方中国研究领域达到极高成就的华人学者。这本自传将其一生的学思历程都原原本本、坦诚无忌、不卑不亢地忆述出来，且在叙述中不回避学术争论，不时作自我检讨。全书叙述完整细致，从中可以看到作者在学术领域中表现出来的坚强的意志力、奋发的精神和充满原创的努力。尤其是书中有不少史料，如述及他在清华及西南联大时的不少师友，其中凡一言足以启其终身深思、一行足以为后世所法的见闻都记录在内。本书是对现代学术史及教育史研究具有参考价值的著作。"

2007年4月，我从波士顿乘车去普林斯顿，在余英时先生家做客。余先生谈起，在得到号称人文诺贝尔的克鲁奇奖后，何炳棣先生打电话给余先生，没说两句，就一直感叹自己运气不佳。余先生笑着说，我知道他本来是打电话来道贺的。从这里也可以看出何先生的性格。

三年前，2009年10月9日，我收到了当月2号何先生通过传真发给我的祝贺清华国学院成立的信：

陈来教授足下：

本年……9月16日邮发的邀请函三天前才收到。事前丝毫不知母校最近又建立了国学研究院，聘足下为创业院长，既惊又喜，谨此道贺并预祝贵院教学研究事业鹏程万里！……我手头有篇论文，自信最能代表旧日清华国学研究院和历史系求真不苟的精神，以备贵院宣读。论文是《〈古本竹书纪年〉与夏商周断代》。……"史德"问题的提出正是为了维护华夏古文明和文献的尊严，贯彻旧清华国史大师的治学精神。夏商周断代工程既是国家第九个五年计划重点科技攻关项目之一，理应也是贵所义不容辞的基本关怀之一。极希望贵所能在会议期间把论文摘要宣读。……

原信较长，我就不全部引述了。我的回信如下：

炳棣老先生席下：

自昔香港中文大学一别，久未闻问，中间在台湾买得先生《读史阅世六十年》，对前辈的学问成就与治学精神，极为钦佩！昨收先生传真，先生对晚生及国学研究院的祝贺，十分宝贵，多谢多谢！

承先生所嘱，欲将大文在"清华国学院的精神"会议上宣读，正是求之不得，您可将刘雨先生联系电话赐下（刘雨先生亦闻名已久），由会议筹备组与刘先生联系。如何如何。

此间国庆放假，昨日才得上班，以故未能及时回复，尚请见谅。

敬颂

时祺

晚陈来上

2009年10月10日

PING-TI HO 何炳棣

Ph.D. / LL.D. / L.H.D / Honorary Member, Chinese Academy of Social Sciences
Member, Academia Sinica (Taiwan) / Fellow, American Academy of Arts & Sciences

011-8610-62792831　清华大学国学研究院　陈来院长

陈来教授足下：本年9月14日華誕。9月16日邮汇的剪清图三无所收到。本所结点如再接再厉又建立了国学研究院，聘足下为创业院长，院盼又喜，谨此谢贺並祝祺，贵院报学研究事业鹏程万里！

会期如此紧迫，撰文、出签证、买机票两场脱机紧，此风会後至祖闰短期活动的一切费用以免信立半月之间可以解决，恂是实在无法参加十月底、十一月初的会议。

但我手头有篇论文自信最能代表近年治新国际研究院和历史求真的精神，以供贵院念讨。论文是《〈古本竹书纪年〉与夏商周断代》〔单仍已主列入《清华历史讲堂续编》2008年9月〕由半主审的话：

以文献和文文观象核站《古本竹书纪年》年代纪证之是实正确可信，首先坐续填也一个"史德"的问题……就参研究者坐编给予《古本竹书纪年》以充佶机会且遂多表现它的年代系列是处之有一致的(consistent)可信化。质言之，研究者处续尊重《古本竹书纪年》"自辩"的权利，讲并可嫁"断代工程"那样一上来就把它的年代系列加以"篡窜"以驾驭的倜别的年代發生随意取捨调整以逞己意。

"史德"问题亦统由正是居了纯净幸度方文献起源的草创。贵院或许等团及大都的这位伟编书。夏商周断代工程既是国家尽大不忘幼祝创气气筑程反失败因之一，现在也是贵研究所等课的基本先例之一。拉郑望贵所能是会谅解如同把相之两步宣读。

此議如蒙採纳，气就请代勾樱收。敝怀佳幸誊访宽谅贵院圣君院一支半生學仆依级到师服陈代抄偁停宣请並颜等對论。

何炳棣拜上
2009年10月2日
佳真：

5471 Sierra Verde / Irvine, CA 92603 / U.S.A. / tel: +1-949-854-0282 / fax: +1-949-679-8898 / ping-tiho@cox.net

何炳棣先生原信

我的信用传真发给何先生后，何先生12日又发来一信，详示刘雨先生地址，以及说明他的文章的重要意义，兹不具引了。我们在成立大会上列举发来贺信的单位和个人时，也提到何先生对我们的祝贺之意。

2010年5月，何先生来访清华，杨振宁先生主持了他在清华高等研究院的讲演，我当然出席并现场提问以表达敬意，他的气势如虹一如既往，但听力已经不如从前了。他此次在清华期间，我到他所住的丙所登门拜访，请他为我们的杂志题字，并驾车载他到醉爱餐厅用餐。这是我和何先生最后一次见面。

西南联大时期，1940年联大教务会议曾就教育部课程设置致函，反对教育部束缚各校，反对整齐划一，要求教育部尊重教授，给大学以自由。这是一封教育史上重要的信，何炳棣先生断定"作者舍冯友兰莫属"。这一推断得到了许多学者和宗璞先生的认同，我在2010年写"论冯友兰先生教育思想"的文章中也特别加以引用。

何炳棣先生去世后，报刊文章多谈到他对清华的感情，如："何炳棣在晚年回忆录《读史阅世六十年》中，费了相当大的篇幅记述1930年代的清华大学，他在垂老之年这样深情地追忆：如果我今生曾进过'天堂'，那'天堂'只可能是1934-1937年间的清华园。天堂不但必须具有优美的自然环境和充裕的物质资源，而且还须能供给一个精神环境，使寄居者能持续地提升他的自律意志和对前程的信心。几度政治风暴也不能抹杀这个事实：我最好的年华是在清华这人间'伊甸园'里度过的。"（《东方早报》文）可见何炳棣先生对清华的感情确实是非常深厚的。

大师的风采
——梁启超在清华

一　思想基础

　　梁启超的祖父、父亲，都没有很高的功名，尤其是他的父亲，但都很注意让他读书，所以他十四岁年纪轻轻就考中了秀才，然后他父亲就送他进了广州的学海堂，这是一个很有名的书院，到十七岁他就中了举人，举人就是省一级的科举考试已经通过了。他应该是从小就有天才的，读书人的根苗就已经显示出来。到了十八岁，他拜见了康有为，就开始追随康有为，后来就到了万木草堂，跟随康有为学习。他后来讲，"先生教之以陆王心学"，就是康有为教给他哲学思想。除了哲学思想以外，还有史学，康有为还为他们讲西学之大概，所以万木草堂的教育在近代还算新的，康有为把西学的大概跟他讲，所以梁启超在二十岁以前，包括传统的小学的基础，传统的哲学的基础，然后史学和西学的一些基本东西，他都掌握了。他的学问底子非常好。他的大思想的底子从哪来呢？那还是在康有为门下，在万木草堂学到的那些东西。

戊戌变法失败以后，他就流亡日本，但是这一时期可以说他开始了一段新的文化人生，就是在这段时间，他写了大量的文章著作，对于国人的启蒙和冲破旧传统的那种震撼，他起了最大的一个作用。

比方说他当时在日本写的《少年中国说》，少年富则中国富，少年强则中国强，对当时的国内青少年震动很大；还有《新民说》等影响也不小。

应该说1890年代出生的人没有不受他的影响的，比如说毛泽东，比如说胡适，都受到过他在日本初期写的这些重要文章的影响，可以说是影响了一代人。他的基本观点就是说，中国传统的文化很重视私德的培养，我们今天要变成一个现代化的国家，要注重培养人民的公德，其中当然最重要的就是爱国心。另外，他在那时候写了一部著作叫《新史学》，我们整个近代以来中国的史学发展，其实就是一个"新史学"的发展，这个新史学的奠基者就是梁任公。它的新在什么地方呢？他说我们以前讲那个史学，是以帝王为中心的，都是讲皇帝怎么样，围着皇帝转的，他说史学应该发展、应该进步、应该打破，新的史学就是要以民族和文化为中心，而不是以皇帝为中心，这是一个很大的对史学观念的改变，所以应该说，他开创了整个２０世纪中国的新史学的发展。

梁先生一生的好多思想都有变化，这是大家都知道的，他也说他自己是经常变，但是我觉得这个变不是没有立场的善变，这个变表示他对思想、思考的一种深化。比如说他对中国的不好的地方有认识，对西方的优点也有认识，然后他提倡启蒙；然后过一段，他又对西方的缺点也有所认识。以前是把中国的缺点跟西方的优点相对，但是他自己思想不断变化，对西方的缺点也有新的认识。比方说第一次世界大战，它带来了对西方文化的反思，所以使他对很多问题有重新的思考。所以我觉得变不是坏事，不能一个人就是一直不变，一直不发展，这个变其实代表着一种深化、反思，这是一个问题。再有比如科学的问题，梁先生始终很赞成引进西方近代的科学技术文明，但是作为一个哲学家，他并不认为科学技术是最重要的，还是一个健康的人生观、一个人生的哲学是最重要的。他认为两者并不矛盾，他希望把近代西方的科学技术文明，跟中国传统的积极的人生观结合起来，中西形成一种融合，这是他的思想特点。

二　清华学校

梁启超非常注重德育，我们今天讲他的国学成就，不讲他在政治方面的成就，其实他是非常重视德育的一个人。1903年，他从美国回来，认识就有一个新的变化，这个变化促使他写了一本书，叫《德育鉴》。这《德育鉴》就是把他在康有为门下学习的时候，摘记的那些古代的个人修养的语录编成册，使大家在新的时代仍然能够从这些古代的修养文化里面，培养自己的人格。这些摘录本来是给自己看的，是鼓励自己的。1905年他编出了《德育鉴》——当时他还在日本，就是让大家都作为一个镜子来照。1912年他回国，1914年冬天到清华，就借住工字厅写书。当时，他在同方部讲演。给清华学生讲什么呢？清华当时是留美预备学校，学生都是准备留美，那就讲怎么样培养自己的"君子"人格。他的主张就是《周易》里边的两句话，就是"自强不息"和"厚德载物"。这也是现在清华的校训。

在梁启超故居前

《周易》里面说"天行健，君子以自强不息"，还有一句"地势坤，君子以厚德载物"，他就说第一句话讲的是什么呢，就是我们要不懈地向上，就是人要不懈地向上追求；然后下一句讲我们要有一个宽阔的胸怀和度量，说清华的学生就应该照着这个做君子的人格，来改变我们这个社会，来发展我们的文明。他讲给学生的，都是一些德育方面、人生的教导。当时他还讲了，清华的学生是要留美，但是你们不要忘了国学是立国之本。可是国学怎么讲、怎么掌握呢？他就用这两句话：自强不息，厚德载物。所以这两句话就成了清华的校训。

梁启超先生当年在教国学时，是如何来教育的呢？他非常注意知识跟道德的平衡，讲演讲课都未离开这点。1917年，他在清华有个讲演，专门讲"学生自修之三大要义"。这个自修不是我们今天讲的知识的自修，其实是全面修养的自修；三大要义就是做人、做事、做学问。做人的要义就是要反省克己，做事的要义就是精力要集中，学问之道的要义就是学以致用。学以致用、精力集中都是在后面，最前面的是反省克己，就是要增进自己的德性。所以他对国学的把握、理解，他教学、教书，始终不少这一条，就是德性的教育。他强调，国学的常识是两样，一是中国历史之大概，一是中国人的人生观。就是说，学习国学，一方面要掌握中国的历史文化，一方面要学习中国文化的人生观。

大概在1923年，他有一次回答学生的问题，就讲国学是有两条大路，一条是文献的路，文献的路就是整理国故，可是光整理国故，用这样的一种方法来对待国学，是不完整的。所以他说还有一条路叫德性的路，就是德性的学问。国学不仅仅是一个文献的学问，国学还是一个德性的学问。1910年代，他就经常到清华讲演，因为他也喜欢清华，把孩子梁思成等送到清华念书，所以他对清华也多一份眷顾吧。1920年的时候，他就到清华讲《国学小史》，一个冬天讲了五十多次。

当时他还没有名义，到1922年，他接受清华的正式聘请，担任清华的讲师，他才有正式名义。讲师不是指学问地位，如果你不是全职在这儿工作，就是讲师。他那个时候开的课就是《中国学术史》。

他的讲课，有一个最好的记载，就是梁实秋先生记述的1922年梁先生的一个讲演。说梁先生这个人短小精干，身材不是很高，但是丰神潇洒，左顾右盼，眼睛光芒四射，当时他略有一些秃顶，讲广州官话。我看有些记载说梁先生讲话很不容易听得懂，所以有人只能听五六成，但是梁实秋的文章说他虽然讲的是广州官话，但是每一个字发音很清晰，所以还是听得懂的。他甚至认为，如果梁任公不讲广州官话，讲北京的普通话，就没味道了。

梁先生讲课很兴奋，他的头比较大，还冒汗。他上课的时候，有时候他的儿子梁思成，就在台下坐着听。因为他经常写板书，经常就说"思成，擦擦"，就是让梁思成去帮他擦黑板。

他把古文献都记在脑子里，记很多东西，据说他当时到清华讲课的时候已经快五十岁了，他就是靠背。有的文献也不是说马上都能够背出来，有的时候他背不出来就敲脑袋。他一敲脑袋呢，学生也紧张，为什么呢，他一敲脑袋不就停了嘛，就在那儿想，学生就跟着着急，等到想起来了，他就背出来了，学生也很高兴，所以他是老爱敲脑袋的。

梁先生这个人的形象就是天真烂漫，富于热情，目光如炬，亲切随意，具有人格的伟大感召力，这是他的学生们一致公认的。

三　清华国学院

到了1925年，梁启超才正式变成清华国学院的导师、教授，是清华国学院的核心。但为什么在四大导师之中排名第二位？这恐怕跟梁先生的人品、性格有关系。按照当时的影响来说，影响最大的是梁先生，但梁先生是一个非常谦让的人，在当时的国学院里面，他事事都推王先生在前面，所以人家说，整个国学院的核心人物是梁先生，但他事事都自处于观堂先生之下。这是他的高风亮节。

梁启超特别注重德行的教育，他对于如何做人是怎么论述的呢？清华国学院刚开始，就是一开学，他就有一个讲演，讲清华国学院必须要办两件事，一个是要养成学生做学问的能力，一个是要养成学生做学问的好习惯。第一个养成做学问的能力，他提了四点，就是"明敏、密察、别裁、通方"。明敏就是要有很敏锐的眼光；密察就是观察的时候心思要很细腻；别裁是能鉴别，鉴别真伪、有无、主次，特别是鉴别主次很重要；通方就是对这个事物的研究要彻头彻尾，彻表彻里。第二个是养成做学问的好习惯，就是"忠实、深切、敬慎、不倦"。敬慎就是要非常谨慎；不倦就是不能懈怠；做学问一定要忠实，忠实就是不能作假。我觉得这些要求，包括做学问的这些习惯，做学问的这些能力，都具有超越时代的意义，我们今天也要注意培养的。

1927年，梁先生有一次著名的北海之行，留下一段北海讲话，最重要的还是讲这个，一方面是做学问，一方面是做人。所以他说，我讲了那么多，归结就两条，第一条就是我们要培养一种人，这种人是不跟着这个潮流走的。他讲的潮流是那个时代不好的潮流，每个时代都有一些潮流，大众会跟着走的，可是那个潮流不见得是很健康的，要培养能够立定自己的脚跟，站稳自己的脚跟、理想的人。另外，要培养一种新的国学研究的人才，这种人才不是不关注潮流，但更要注意新的学术潮流。做人不能都跟着社会潮流走，可是做学问必须要注意新的潮流。所以他总是两方面都讲到。

谢国桢先生当时是清华国学院的学生，梁先生对学生非常照顾，他请谢国桢来教他家里的子弟，其实就是给他一份收入。谢国桢先生在这个过程中也得益很多。因为他等于住在梁先生家里，梁先生有时候写书的过程，他会亲身看到，而且梁先生在写累了的时候就把他们叫进来，把谢国桢先生也叫进来，然后就讲他过去的历史。有一次，他在讲戊戌变法的历史的时候，顺嘴就背出了汉代董仲舒的《天人三策》，谢先生就很惊讶，说您连董仲舒《天人三策》都能背出来？他说，我不会背董仲舒的《天人三策》，怎么能够上万言书呢？所以这些都是对学生的关照，是对他们的一种教育，是身教。梁启超先生每周一二三四五都住在清华，礼拜三讲"儒家哲学"，周传儒记录。周传儒先生写过关于清华国学院和梁任公的很多回忆文章。他也是受惠梁先生不少。因为他那时有点穷，梁先生就安排他在松坡图书馆做目录，抄卡片，一个月给二三十块钱，其实不算太少。但是他还有弟弟上学，负担挺重，梁先生就说再给他升个官，在这些编目的人里边当小头目，叫提撰，又增加二三十块钱，拿五六十块钱。他说，我上学的时候，从梁先生手上拿了一千多块钱。当时那个钱是很值钱的，可见梁先生给他照顾是很多的。所以他晚年写回忆文章是很有感情的。梁先生还介绍刘节到北京图书馆工作。

梁任公的学术是非常博通的，也是多才多艺的，但是另一方面，他也有不得已的地方，比如松坡图书馆，用蔡锷的名字命名的，这是他创立的，政府就拨了北海这块地给他，但是没拨钱。没钱怎么办？他就要靠卖字来筹款，所以他每次从清华回到北海住的时候，吃完饭，抽一支烟，七点钟就开始写字，一个字八块钱，八块大洋。谢国桢也好，周传儒也好，学生就管拉纸，他就写字。当然了，那两位拉纸的先生呢，有时候也可以塞点私活，就是有人要求字，就求他们学生。梁先生写字时，只管问下一个是谁，他们就说下一个是给谁，他就写在那儿。写字就是筹款，来筹建这个图书馆，其实当时他还兼了北京图书馆的馆长。

四　大师地位

在历史上，梁启超先生和胡适先生关于国学入门的书目曾经有过争论。大概1923年初的时候，清华的学生就给他们写信，应该是给胡适和梁启超同时发的信，我们要出国，还要掌握一些国学，能不能请先生给我们开一个最低限度的书目？后来胡适有文章，就叫《一个最低限度的国学书目》，但是他开了很多，大概有一两百种，是两个系列，一个是思想史的系列，一个是文学史的系列。然后学生就又给他写信说，胡先生，我们是要一个最低限度的书目，你给我们开这么多，我们在清华这几年也念不完，我们带到美国也没法念。后来他就说，那我就在这上画圈，他就画了三十五个圈，但是这三十五个圈儿，应该说条理不是很清楚。梁先生当时没在北京，他接到信后，就凭记忆也写了一个书目，这个书目也不少，而且每本书他都说有什么版本，这本书大概意思是什么，大概也有一两百种。但是，他的好处是什么呢？他当时就在下面指出说，这个书目太多了，还有一个真正是最低限度的，二十五种。这二十五种是很有条理的，就是按照我们四部的分类，第一部就是经部的"四书五经";第二部史部,《战国策》《史记》《汉书》《后汉书》《三国志》《资治通鉴》;然后子部,《老子》《庄子》《墨子》《荀子》《韩非子》,这是子部里最重要的;最后集部,《楚辞》《文选》,李白的集子、杜甫的集子、白居易的集子。他就按经史子集分类里面找最重要的这二十五部书,非常清楚。所以他就有点讥笑胡适,说你这个国学书目里面,《史记》都没有,《资治通鉴》都没有,有那个《九命奇冤》,那是最低书目吗?他说,不瞒你说,我梁某人就没看过《九命奇冤》,你能说我连最低的国学知识都没有吗?

今天我们回顾梁启超先生在清华的日子,能够给今天做学问的人以什么样的启发呢?

今天讲的这个主题,我觉得是很重要的。这些年,因为国学热,讲了很多的国学,国学也确实包含了很多的方面,但是国学内在包含的德性的学问应该说强调得不太够。特别是因为胡适在近代学术的影响比较大,他提出整理国故,造成国学就是一个整理国故的学问。因为在胡适的定义里,国学就是整理国故的学问,而整理国故的学问对于胡适来讲,不涉及哲学的人生观的发扬继承,而是文献和历史的了解和整理。所以我觉得梁先生不愧是一个大思想家、一个哲学家，他对整个国学的把握，对我们今天来讲，应该有指导意义。今天的清华国学院，重印了梁先生的《德育鉴》，很多２０世纪的文化名人都受这本书影响，我们做了一些简单的注解，让出版社来发行，就是想至少在清华的校园文化里面，我们把梁先生原来的东西拿给大家，让学生看看我们的先贤，用什么办法来修养自己，我们用这个方法来提高我们的素质。这是我们做的一件事，是我们觉得还蛮欣慰的一件事。

有人问梁启超是不是国学大师，我们可以举几个例子吧。1912年的时候，马相伯先生，就是复旦的创始人，很有名的教育家，他当时就建议创立"函夏考文苑"，仿照法兰西学术院，那当然就要有院士，提名一共有二十多位，首席是四位，其中就有梁启超，其余是严复、章太炎和马相伯。这是一个例子。第二个例子，就中国的国学来讲，整理国故的时代（二十年代），大家有一个共识，就是说章太炎先生是南方学术的泰山，梁任公先生是北方学术的北斗，也是承认他们两个是当时一南一北国学的最高的代表。另外就是清华国学院成立前，1924年，清华的曹云祥校长跟胡适请教办国学院的办法的时候，他本来是想请胡适来主持，因为胡适是清华史前期的校友，他是头两批庚子赔款生。胡适说你要请一流的学者，要请三位大师，他的排名就是梁任公、王静安、章太炎。

所以从这几个角度来讲，梁先生作为国学大师的地位，应该说在上个世纪二十年代就是公认的了。他的学术成就是多方面的，具有博通的成就，而且开风气，有很强的示范作用，像在先秦诸子方面（《墨子学案》《老子哲学》《先秦政治思想史》），在清代学术方面（《清代学术概论》《近三百年学术史》），在佛教史方面（《中国佛教史》），在新史学的研究方法方面（《中国历史研究法》），贡献都非常大。郑振铎说他是大思想家，动手便有极大的格局，有通盘的打算，上下古今大规模的研究，有力吞全牛的气魄，确实是这样。

梁启超曾给学生题联"万事祸为福所倚，百年力与命相持"，前一句表示乐观主义，祸事不可怕，祸的后面是福，这就是乐观；后一句表示奋斗精神，这是发扬墨子尚力的思想，敢于和命运斗争。他一生最推崇的是曾国藩的话："莫问收获，但问耕耘。"并以此作为自己的座右铭，充分体现了他的儒家人生观。所以徐世昌评价他是"以德性言之，当推海内第一人"；徐志摩称他是"完美学者的形象""唯一无愧于中国文明伟大传统的人"。他的确是中国近代一位伟大的圣贤人物。

（本文是作者2012年在央视"文明之旅"节目"梁启超在清华"的讲记）

大地清华
——王国维《人间词》音乐会唱片序

1925年，清华大学成立了研究院国学门，亦通称清华国学研究院。在清华国学研究院不长的几年办院历史里，培养了70位学有专长的国学学者，其中有几十位在后来成为我国人文学界的著名学者或国学大师。清华国学研究院几位导师的研究在当时代表了我国国学研究的最高水平。清华国学研究院创造的辉煌与影响奠定了清华初期的学术声誉，清华国学研究院也早已成为清华大学光荣历史传统的一部分，它的精神和宗旨在今天仍然有其不可磨灭的价值。

2009年，清华大学国学研究院正式复建。今天的清华大学国学研究院，依然承续老清华国学研究院对国学概念的理解和使用，我们也将以"中国主体、世界眼光"为宗旨，传承老清华国学研究院的学术精神。清华大学国学研究院力图秉承老清华研究院国学门的传统，接续上世纪三四十年代清华人文研究的传统，参与新时期以来清华文科的恢复振兴，力求把"清华国学研究院"办成具有世界影响的中国文化研究中心，为中国文化研究提供一个一流的国际化的平台。

王国维是近现代著名的国学大师，清华国学院四大导师之一，学术成就辉煌卓著。他早年研习哲学，1905年以后转向文学；他的《人间词》在1906年至1907年发表，他著名的《人间词话》在1908年至1909年发表。由此可知，《人间词》是他由哲学转向文学时期的作品。也正是由于有哲学的基础和《人间词》的写作经验，他才能写出《人间词话》。关于《人间词》达到的境界和造诣，王国维曾在《静安文集续编》的自序中说道："余之于词，虽所作不及百阕，然自南宋以后，除一二人外，尚未有能及余者，则平日所自信也。"其自视之高，有如此者。

王国维为什么由哲学转向文学？他自己说过一句有名的话："哲学上之说，大都可爱者不可信，可信者不可爱。"在他看来，哲学求真理，故要求可信；文学无关乎真理，不求可信，但求可爱，可以在其中直接寻求情感的安慰。

这个思想引申扩大来看，是说人在追求"可信者"之外，还应该追求"可爱者"。比如，科学技术是可信者，但科学技术不见得能体现可爱；人需要在科学以外追求可爱者，人在求真之外，还要求美而可爱的东西，换言之，还要追求人文的情怀和意趣，这才是"人文日新"。应该说，音乐就是一种可爱者。

　　为纪念王国维，并以老清华国学院的丰厚遗产丰富校园文化，我们在2011年12月20日晚在清华大学蒙民伟新音乐厅举办了"大地清华：王国维纪念音乐会"。洗凡女士曾为《人间词》中的二十多首谱了曲，并亲自担任了

于纪念清华国学大师王国维《人间词》音乐会上

音乐会主唱。肖鹰教授是著名的文艺批评家，在音乐会上为我们客串主持。对他们给予校园文化活动的大力支持，我们表示衷心的感谢！

我们和清华大学艺教中心共同主办这次音乐会作为校园文化活动，除表彰清华国学院的前贤之外，还因为，王国维的《人间词》，虽然写在1906年前后，但其中与今天的清华却有着一种隐然的关系，这就是：在他的《人月圆·梅》词中的最后一句"殷勤唤起，大地清华"，似乎预言了清华学堂和清华大学的兴办。在今天，这两句词可以鼓舞我们以更大的努力，推动清华走向更大的辉煌！

2012年3月16日

在中山大学陈寅恪故居，2010 年

陈寅恪《王观堂先生纪念碑铭》
与大学精神

一个大学必有其自己的文化，一个有较长历史的大学，必有其传统和精神。一个大学在其历史上曾提出或出现的学术理念，是这个大学重要的精神资源，注意开发这些资源，诠释、宣传这些理念，对大学精神和文化的建设来说是一件具有根本性的工作。

早在清华学堂建立的前几年，王国维就在其《人间词》中发出了"殷勤唤起，大地清华"的召唤，预示了清华的诞生。在清华建立发展的过程中，老清华国学院的导师对大学的文化都做出了重要贡献。梁启超在清华学校时期，化用《周易》乾坤两卦的象辞，为学校提出了"自强不息，厚德载物"的校训，一直以来得到了清华从上至下的共同认同，对清华大学的大学精神建设起到了不可替代的作用。同样，陈寅恪在清华国学院时期提出的"独立之精神，自由之思想"，它所代表的学术精神和理念，在清华建设世界一流大学的今天，也越来越得到大家的重视。

一

1929年6月3日，在王国维自沉昆明湖两年之日，清华大学国学研究院立纪念碑予以纪念，碑上刻有国学研究院导师陈寅恪所撰的《王观堂先生纪念碑铭》，全文如下：

> 海宁王静安先生自沉后二年，清华研究院同仁咸怀思不能已。其弟子受先生之陶冶煦育者有年，尤思有以永其念。佥曰，宜铭之贞珉，以昭示于无竟。因以刻石之词命寅恪，数辞不获已，谨举先生之志事，以普告天下后世。其词曰：士之读书治学，盖将以脱心志于俗谛之桎梏，真理因得以发扬。思想而不自由，毋宁死耳。斯古今仁圣同殉之精义，夫岂庸鄙之敢望。先生以一死见其独立自由之意志，非所论于一人之恩怨，一姓之兴亡。呜呼！树兹石于讲舍，系哀思而不忘。表哲人

之奇节,诉真宰之茫茫。来世不可知也,先生之著述,或有时而不彰。先生之学说,或有时而可商。惟此独立之精神、自由之思想,历千万祀,与天壤而同久, 共三光而永光。

碑文的铭词一开始就说,"士之读书治学",这就开宗明义地指明,碑铭通篇的思想是针对"读书治学"而言的。"士"在这里即指大学师生。而全篇的思想,就是强调,大学师生在学习和研究上,要秉持独立之精神、自由之思想。并认为这种精神、思想具有永恒的价值。可见,碑铭文中的"独立之精神、自由之思想"是陈寅恪提出的一种大学的学术精神,而不是指社会的、政治的或其他的追求。一切离开学术精神而对这八个字的解说,都是出于不同的需要所做的各种不同发挥,并不是陈寅恪的本来意旨。这是必须要说明的。

"俗谛"即世俗的、既有的、流行的成见,这些在碑文作者看来,是妨碍真理的探求的,而大学师生的天职就是自由探求和发扬真理。在作者看来,坚持"独立之精神、自由之思想"需要一种意志,这种持守独立自由的意志,对于寻求真理、发扬真理是最重要的。马克思在《资本论》第一版序言中说："任何的科学批评的意见我都是欢迎的。而对于我从来不让步的所谓舆论的偏见，我仍然遵守伟大的佛罗伦萨诗人的格言：走你的路，让人们去说罢！"陈寅恪所说的"俗谛"也就是马克思所说的"舆论的偏见"。马克思所强调的，正是一种科学研究上的独立精神和意志。

二

1953年，中国科学院准备调时在中山大学任教的陈寅恪到北京任职，委派其学生、北京大学历史系教师汪篯南下去邀请。12月1日，为了表达自己的学术主张并回复中国科学院的邀请，陈寅恪以口述的方式，对汪篯详细地说明了王国维纪念碑铭的思想。他说：

> 我的思想、我的主张完全见于我所写的王国维纪念碑中。王国维死后，学生刘节等请我撰文纪念。当时正值国民党统一时，立碑时间有年月可查。在当时，清华校长是罗家伦，是二陈派去的，众所周知。我当时是清华研究院导师，认为王国维是近世学术界最主要的

人物，故撰文来昭示天下后世研究学问的人，特别是研究史学的人。我认为研究学术，最主要的是要具有自由的意志和独立的精神。所以我说'士之读书治学，盖将以脱心志于俗谛之桎梏'。'俗谛'在当时即指三民主义而言。必须脱掉'俗谛之桎梏'，真理才能发挥，受'俗谛之桎梏'，没有自由思想，没有独立精神，即不能发扬真理，即不能研究学术。学说有无错误，这是可以商量的，我对于王国维即是如此。王国维的学说中，也有错的，如关于蒙古史上的一些问题，我认为就可以商量。我的学说也有错误，也可以商量，个人间的争吵不必芥蒂。我、你都应该如此。我写王国维诗，中间骂了梁任公，给梁任公看，梁任公只笑了笑，不以为芥蒂。我对胡适也骂过。但对于独立精神、自由思想，我认为是最重要的，所以我说'惟此独立之精神、自由之思想，历千万祀，与天壤而同久，共三光而永光'……。"

就谈话中的事实部分来说，王国维死于1927年6月2日，罗家伦来主清华在1928年9月，王国维纪念碑立于1929年6月3日。王国维的自沉，就其直接原因而言，本来是出于他对北伐和湖南农民运动中某些激进行为的担忧,所谓"义无再辱",梁启超在王国维死时就指出了这一点。在这个意义上说,陈寅恪认为王国维之死因只在于坚持学术自由,这种理解有过度诠释之嫌。事实上,他的所说,已经超出了对王国维之死的具体诠释,而独立地具有其自己思想主张的意义。换言之,这更多地反映了陈寅恪自己对国民革命军北伐之成功对于大学学术独立自由可能带来的影响的一种担忧,具体地说就是对国民党用三民主义统一学术的担忧,故提倡独立精神和自由思想。应该说,当时在政治上是有进步意义的。

在这个谈话的记录中,陈寅恪自己对他的王国维纪念碑文作了清楚的、明确的说明:"我认为研究学术,最主要的是要具有自由的意志和独立的精神。"亦即,他在碑文中所说的独立精神、自由思想,是指"研究学术"而言。他认为"没有自由思想,没有独立精神,即不能发扬真理,即不能研究学术"。他的这些主张是用来昭示"研究学问的人"。可见陈寅恪这里所说的独立自由不是就社会、政治而言,乃是强调学术研究的独立自主,其所主张的是学术的独立和自由。因此,我们今天重温这个碑文的核心命题,可以忽略其特殊的语境和具体的背景如王国维之死等，而提炼、抓住其具有普遍意义的大学的学术精神，集中从这个角度对"独立精神、自由思想"加以诠释和发扬。事实上，不仅在清华早期提出了这样的大学精神，北大亦然。蔡元培先生"五四"时期为北大奠定的"兼容并包，思想自由"的精神，今天仍然是北大推崇的大学精神与学术传统；蔡元培1919年提出的大学应独立于教育管理部门的官僚体制的思想，今天也仍然有其价值。

三

在当代社会文化的语言使用中，也有不少把独立自由作为人格操守的特征予以弘扬，其中将"自由思想"和"独立人格"联结在一起，是最常见的。以党报和中央媒体为例，如："当更多的个体以自由思想与独立人格，真正走进社会践行公共责任，追求真诚善良与公平正义，就可以为这个时代书写出更加美好的内心史。也只有积极生活，才能让这个社会更自由。"（《人民日报》2012年1月5日议言广场）"作为有知识、有骨气、有责任感的文人，无论世事怎样变迁，应始终以一个知识分子应有的独立、清醒、良知、理性和人文操守来对待，不随波逐流，不患得患失，始终保持起码的独立人格、自由思想、批判精神。"（《报社总编受贿获刑给文化人的警示》，中国共产党新闻网，2011年11月25日）这些是就个人而言提倡自由思想与独立人格。同时，个体意义上的独立自由是要和公共责任、真诚善良相结合起来的。

另外，把大学作为自由思想的园地，把独立精神、自由思想作为大学精神，近年来也渐渐成为社会文化的共识，如"中国教育学会副会长、新教育改革发起人朱永新说，什么样的大学造就什么样的大学学生会。大学本来应该是一个相对民主、自由、宽松、自治的机构，这样一个机构才能保证大学成为一个自由思想的发源地，应该淡化大学的行政色彩"（中国共产党新闻网，2011年11月4日转载《工人日报》文章《步步精心争干部　是是非非学生会》）；"公众向往的高校应该充满着自由思想、人文情怀"（人民网，2011年12月5日转载《广州日报》评论文章《大学门不必武装成衙门》）；"大学正是在对求学者的教育和训练中完成知识与文化的传承，知识与文化又在师生间的"教学相长"中得到提升。大学所具有的独立精神和自由思想，确保大学的教师和学生能够潜心地研究高深学问、不断地追求和认识客观真理,并在这个基础上传承和创新文化,这正是大学的生机和活力所在"(上海交通大学校长张杰在2011级新生开学典礼上的讲话,《光明日报》2011年9月19日)。顾秉林校长近年来更是多次提出,要大力发扬"独立之精神、自由之思想"的学术品格,这代表和体现了清华大学对于总结百年大学文化和精神的高度重视。

独立自由也是马克思终身坚持的价值。陈寅恪所说的独立之精神、自由之思想,与马克思主张的"自由个性""自由发展""从宗教解放出来的自由"是相通的。就连与蔡元培、陈寅恪同时的非马克思主义者胡适也说过:"这种人根本就不懂得维多利亚时代是多么光华灿烂的一个伟大时代。马克斯(马克思)、恩格尔(恩格斯),都生死在这个时代里,都是这个时代的自由思想、独立精神的产儿。他们都是终身为自由奋斗的人。"(《个人自由与社会进步——再谈"五四"运动》)可见,在这一点上,把"独立""自由"当成话语的禁区,是不符合马克思主义的。即使在当代政治层面,我们也必须承认自由是社会主义民主的内涵之一,党报说得好:"公民对公共事务充分、自由地表达意见,是民主政治的本质要求，不但是国家政治文明的体现，也是社会包容的标志。十七大对表达权的强调，有力地证明了中国社会的政治进步和政治文明。"(《政府应尊重公民说话的权利》，《人民日报》 2011年11月16日)当然，这些"独立""自由"的语词使用，都不是陈寅恪撰王国维纪念碑文的本来意思，而是"独立精神，自由思想"在现代社会作为一个普遍的思想命题在多种意义上被具体运用的例子。

2009年11月13日，温家宝总理在北京中南海与部分国务院参事、中央文史馆馆员座谈，发表了《努力建设有中国特色的高水平政府咨询机构》的讲话，其中说："要提倡独立思考、敢讲真话的精神。曾任中央文史研究馆副馆长的陈寅恪先生说过，学术研究的精髓就是'独立之精神、自由之思想'。要提倡独立思考、敢讲真话，反对人云亦云、照抄照转。" 2011年4月14日，温家宝总理在中南海主持国务院参事、中央文史研究馆馆员座谈会，在听完文史学者的发言后，他又说："上次座谈会我讲话时，引用了陈寅恪先生的'独立之精神、自由之思想'，这是我一生都崇尚的格言。"(《讲真话 察实情——同国务院参事和中央文史研究馆馆员座谈时的讲话》,新华网2011年4月17日电。)显示出在教育、学术之外,"独立之精神、自由之思想"在现代社会已经深入人心,在现代文化中获得了更广大的影响和运用空间。

回到陈寅恪在王国维纪念碑碑文中提出的"独立之精神、自由之思想",我们认为,清华校训"自强不息、厚德载物",是就人生的道德态度而言;"独立精神,自由思想"是就大学的学术精神而言。前者指示了大学育人的方向,后者倡扬了学术研究的精神,这两者都是今天我们创办世界一流大学所要大力发扬的。应当说,在中国各大学中,清华前辈学人提出的这两句话,是最好的校训、最好的大学精神的表达。在现代中国,还没有任何其他一所大学的校训或大学精神表述语能与这两句话相比。因此,对于清华来说,这两句话具有特别重要的意义,也具有永久的价值,我们要加倍珍惜。胡锦涛总书记在清华大学建校百周年纪念大会的讲话充分肯定了"鼓励独立思考、自由探索、勇于创新"的教育追求,为我们在教育、学术领域发扬清华传统的学术精神指明了方向。清华人应该理直气壮地在学术追求上发扬这种"独立之精神、自由之思想",在学术研究和科学探索上大胆创新、追求卓越，为国家的发展壮大、社会的公正和谐、人民的生活幸福，奋力做出自己的积极贡献。

写于2012年1月30日

（原载《清华大学学报》2012年第5期）

自由创造的心灵
——赵元任纪念音乐会致辞

赵元任先生，老清华国学研究院四大导师之一，他是中国现代语言学之父，是中国学者中全面利用现代语言学理论研究中国语言并取得世界性声誉的第一人。同时，他也是中国现代音乐的先驱和大师。他一生雅好音乐，自幼受民族音乐的熏陶，少年时学习钢琴，在美国留学时曾修习作曲等音乐课程，广泛涉猎古典音乐，1915年就发表了钢琴曲《和平进行曲》。他的音乐作品把中国传统和现代音乐作了创造性的融合，一直流传至今，成为中国音乐院校的经典教材。

在五四新文化运动爱国主义、民主主义思潮影响下，赵元任先生热情洋溢地创作了一些富有时代精神的音乐作品，如《呜呼三月一十八》《我们不买日本货》等具有强烈民主和爱国思想的歌曲。在赵元任歌曲集《新诗歌集》中，歌词多是由现代知名作家或诗人如刘大白、刘半农、徐志摩、胡适以及赵元任自己创作的。在《卖布谣》《劳动歌》两首歌里，他对当时中国工人阶级和小生产者的悲惨境地寄予了无限同情。即使他所作的抒情歌曲，如《秋钟》《听语》《海韵》，也揭示了人们追求个性解放和对美好未来的向往。他的不少音乐创作是在清华国学院任导师时完成的，《新诗歌集》也是在清华国学院时期出版的。

当然，他的作品中最有名的是刘半农作词、赵元任作曲的《教我如何不想他》。这是1926年赵先生任清华国学院导师时所作的。赵先生讲过一段有关这首歌曲的趣闻。他说，当时这首歌在社会上很流行，有个年轻朋友很想一睹词作者的风采，问："刘半农到底是个啥模样?"一天，刚好刘半农到赵家小坐喝茶，而这位青年亦来赵家，赵元任夫妇向年轻人介绍说："这位就是《教我如何不想他》的词作者。"年轻人大出意外，脱口说出："原来他是个老头啊!"大家大笑不止。刘半农回家后，写了一首打油诗："教我如何不想他，请进门来喝杯茶。原来如此一老叟，教我如何再想他!"赵元任自己也用这一歌名怀念刘半农。当1933年刘半农因病逝世时，他曾深情地写一挽联："十载奏双簧，无词今后难成曲；数人弱一个，教我如何不想他！"

　　1981年，当赵元任最后一次访问北京期间，几次被邀请唱这首歌。在音乐学院唱完这首歌后，人们问他：这是不是一首爱情歌曲？其中的"他"究竟是谁？这个问题赵先生一生中被问过多次，他用他多次给过的答案回答说："'他'字可以是男的，也可以是女的，也可以是指男女之外的其他事物。这个词代表一切心爱的他、她、它。"他说这首歌词是当年刘半农在英国伦敦写的，"蕴含着他思念祖国和怀旧之情"，所以对这首歌的诠释具有非常丰富和广阔的空间。

　　赵元任先生曾说，自己研究语言学和许多事物，是为了"好玩儿"。在我们看来，"好玩儿"，代表着对于对象、事物的一种无功利的深厚的美学兴致。世界上很多大学者研究某种现象或理论时，常常是为了他们自己的兴趣、好奇。巴金夫人萧珊（陈蕴珍）在西南联大作学生时，曾问清华著名教授金岳霖："您为什么要搞逻辑？"她的意思是：这门学问太枯燥了。金先生的回答出乎她意料："我觉得它很好玩。"那么，赵先生说的"好玩"是指什么呢？赵先生没有直接说明，但是他告诉我们"好玩"不是什么，赵先生说："好玩者，不是功利主义，不是沽名钓誉，更不是哗众取宠，不是一本万利。"根据这个解释，我们就可以了解赵先生说的"好玩儿"是什么，那就是，"好玩儿"是表达一种自由创造的心灵状态，是对世间事物抱有无穷热爱和兴趣的心灵状态。这是一种人文主义的精神体现。赵先生的学术研究充满了科学精神，而他的人生态度充满了人文精神。

为了纪念赵元任先生诞辰120周年，清华大学国学研究院主办了这次音乐会。去年这个时候，我们曾举办了王国维先生《人间词》纪念音乐会。这些活动都是为了在清华校园文化中传承前贤的人文精神，在求真之外，不忘追

2012年11月3日，于清华大学大礼堂纪念赵元任先生音乐会上

求人文的情怀和意趣。

本次活动，我们非常有幸请到范竞马先生来担任主唱嘉宾。范竞马先生是当代中国最杰出的男高音歌唱家，享有世界级的声誉，他不仅有卓越的音乐成就，而且一直怀有对文化的真挚追求。早在八十年代中期，他就与北京一批最具思想文化创造力的学者打成一片，参与他们的文化活动，也滋养了他的文化情怀。这是我们这一次纪念活动乐于、敢于邀请他和他的团队来清华校园演唱的重要原因。本次音乐会曲目的编排、诠释、歌唱充分体现了范竞马先生的音乐造诣，我们将现场感受范竞马先生高贵、迷人的声音魅力。让我们以热烈的掌声对范竞马先生及其团队对清华校园文化的大力支持表示衷心的感谢！

欢迎大家！谢谢大家！

2012年11月1日

犹记潇湘细雨时

——我的大学时代

　　七十年代前期作工农兵学员上大学，是我人生历程的重要改变。上大学的前前后后，酸与甜，苦与乐，都充满其中，至今记忆犹新。需要提醒读者的是，这里所谈的，纯粹是一点个人的经验，并没有什么代表性，把它写出来，只是为以后的人了解那个时代的丰富性提供一点素材而已。

一

　　"大漠三千里，黄水五百回"，这是我当年下乡在内蒙古巴盟河套以西的乌兰布和沙漠中所作的一首词的开头两句。青年时代，意气风发。1969年春天，我离开母校北京三十五中，抱着"屯垦戍边"的理想，与本校的一些朋友相约一起奔赴内蒙古西部的乌兰布和沙漠，参加刚刚组建的内蒙古生产建设兵团。内蒙古兵团1969年1月组建，我们成为内蒙古兵团的第一批兵团战士，习称"北京第一批"。我所在的一师四团，北临阴山脚下，向南延伸进入乌兰布和沙漠，横跨杭锦后旗和磴口县两地。我所在的连队位于全团的最南端，向南不到三十华里是三团，东距河套的西端大约二十余华里。在我们连，北京第一批来的知识青年，除了我们学校作为男校的同学，从老初一到老高三不等，还有来自在北京与我们学校隔街相邻的师大女附中的同学们。我们的连队，距汉代朔方郡窳浑古城的遗址只有五六里路，站在我们的住处向东远望去，风化了的古城遗址是一拨平地而起的方形土包，傍临着北面一片海子，在落日的照耀下，显得奇特而非凡。多年之后，1990年代的中期，我才偶然看到北京大学侯仁之教授于1965年发表的有关乌兰布和及窳浑古城遗址的长篇论文，与记忆相印证，十分亲切。

在沙漠中开垦荒地，引黄灌溉，种植粮食作物，是我们"屯垦戍边"的日常任务，因此生活的磨炼主要是繁重生产劳动的"劳其筋骨"，和少油无肉饮食的"饿其体肤"。艰苦生活的磨炼强化了体力和意志以及应对恶劣挑战的能力。我在内蒙古兵团的基层连队生活了四年半，其中有一年多时间是在附近的沙金套海人民公社"支农"。支农是当时所谓"三支两军"的一部分，内蒙古兵团属于部队序列，连以上干部是现役军人，所以由现役军人二连王指导员和五连黄副连长率领我们一行十余人担任对周边人民公社的支农工作。工作的内容主要是开展所谓清理阶级队伍、"一打三反"、学大寨等运动。但即使参加支农工作，我的绝大部分时间也是不脱产的，和农牧民同吃同住同劳动，每天晚上组织开会学习。在内蒙古兵团的这一段，由于我的劳动和综合表现算是较好，在连里当过班长、排长，排长是我在内蒙古兵团的那个时期男知青可担任的最高职务。

我在内蒙古兵团时期，劳动之余，很注意读书。除了随身带去的范文澜的《中国通史简编》，游国恩等的《中国文学史》等外，在1970年以前已读过列宁的《国家与革命》《共产主义运动中的左派幼稚病》《帝国主义论》；1970年在磴口的巴盟图书馆得到一本《马恩全集》第二卷，非常高兴，因为其中有久寻未得的《神圣家族》。1970年庐山会议后批陈整风，提倡学六本书，我又读《共产党宣言》《哥达纲领批判》《费尔巴哈与德国古代哲学的终结》《自然辩证法》《政治经济学批判大纲》《工资价格和利润》《反杜林论》，阅读这些书，加上在支农实践中的运用，自己感觉到在思想方法和理论思维方面进步不少。我那时还常常翻看《毛泽东思想胜利万岁》，所以毛语体一度对我的文体影响很大，直到后来念研究生的时候才逐渐转变过来。其他的理论书也读，空想社会主义者里面，魏特林的书论不平等的部分我印象较深。文学方面开始时喜欢三曹和白居易诗，后来颇留意辛弃疾词，常翻看邓广铭的《稼轩词编年笺注》。也看过几本高尔基、茅盾的小说，但这一时期小说看的比较少，因为我在中学和"文革"早期看过的小说甚多。此外喜欢传记作品，当时内部出版的尼克松的《六次危机》、讲邦迪传记的《出类拔萃之辈》都给我很深的印象，我尤喜欢读梅林的《马克思传》，直到上大学后仍然常常读《马克思传》。

二

1972年，内蒙古兵团开始推荐知识青年上大学，这一年我们团进行推荐的时候，我尚未从支农工作回来，所以没有参加推荐。这是兵团知识青年第一次有正式合法的机会离开边疆农村，回到城市，而且是以上大学这种人人羡慕的方式。所以，虽然这一年夏天每连只推荐了一个人，但这对知识青年群体，特别是其中的精英仍造成了很大的冲击。从前那种没有其他任何选择的、平静的"扎根边疆""建设边疆""红在边疆"的生活，一下子改变了。在新的选择面前，以前的誓言渐渐褪色而开始变得失去意义，青年的各种理想在新的可能面前纷纷跃动起来。我的两个朋友在这一年都被推荐上了大学。我在一首词中写道："同心数人去，当时已怅然。"反映了我当时的心情。我那个时候有点遗憾，因为我觉得，当时如果我在连里，被推荐上学的可能性很大，可惜我却不在。这一年夏天，我在离家三年多后第一次回北京探亲，心情多少有一点沉闷，在河南干校的母亲给我父亲写信，说我总是以"塞翁失马，焉知非福"安慰自己。

回到连队，在劳动和工作中，作为排长，我一贯以身作则，和大家一起，天天挖渠、浇地。好在我有一个排部，里外两间，晚上方便学习，指导员还特别在大会上表扬我的学习精神。1972年底的时候，我们已经知道下一年推荐上学要增加考试的分量，我的一些中学同学就从各地返回北京复习。不过我那时在连里也没有复习数理化，劳动之余，晚上我在排部里主要还是看各种哲学、社会科学的书。没有复习数理化的原因，固然是因为每天劳动，没有集中的时间；更重要的是，在当时连队生活中，每天宣传讨论的都是如何扎根边疆、红在边疆，在这种氛围里准备文化的复习，会成为一种反讽：作为知识青年干部，天天组织大家学习要扎根边疆，自己却一心准备复习考试，回到城市上大学，这在道德上很难说服自己。

1973年推荐工农兵学员上大学，我是作为本连唯一被全票推荐的人上报团里，以我当时在团里的名气、表现，如果照1972年主要依靠单位推荐的方法，应当说，我上北大、清华那是顺理成章的。就理想的专业而言，我在1972年的时候已经把苏联人编的第三版《政治经济学教科书》看得很熟，因为这本书是毛泽东写过批注的，所以当时最想念的是政治经济学专业。但是，这一年文化考试也成为主要指标，由于我数学复习准备不力，按考试成绩排名录取，我被分配录取到位于长沙的中南矿冶学院自动化系。我得到团里的通知，知道自己没有得到回北京上学的机会，而两个候补的人却顶替年龄过线的人分到北京的高校，心情多少有些沮丧。

就我们兵团来说，当时工农兵学员的选拔的确是"百里挑一"，是很不容易的，对于大家，那时能够被推荐上大学，离开下乡之地，绝对是求之不得的天大好事。而就我个人而言，这一年上大学已经是肯定无疑的，问题只是能不能上一所理想的大学、理想的专业。在这个意义上说，我的心情和反应算是比较特殊的。

一个月后录取通知信下来，录取院系变成了中南矿冶学院地质系，这对我可以说是一个不小的挫折。本来录取的决定是高校招生人员和师团政治部门招生办的共同决定，高校招生同志回校后不能随意改变，我们团所有被录取的考生最后拿到的录取通知都和在师里团里的录取决定一致，唯独我的录取通知出了问题。团里政治处也觉得很意外，负责招生的张干事说要不你明年再上。连里的朋友也为我可惜。可是我想，如果因为学校和专业不是自己理想的选择而转等明年，被别人说起来也不太好。所以我没有选择等待，1973年秋天如期赴中南矿冶学院地质系报到。在我人生中的重要选择关头，我往往都是宁可选择避免外在的道德批评，而忽略实际的功利得失。但是，在行动上做出选择和在心情上保持平衡是两回事。在从北京到长沙的火车上，火车上播放的是《到韶山》的优美女声,我的心里却总出现《红楼梦》里的那两句曲子:"纵然是齐眉举案,到底意难平。"

三

众所周知,1973年这一年招生结束时出现了张铁生信的事件。我记得他的信大意是说,他担任生产队长,不能离开生产队工作去复习,所以无法答好答卷,因此他对这一年的招生方针提出意见。张铁生后来积极参与"四人帮"的政治活动,并被判刑,这是他自己必须要负的责任。但仅就1973年夏天他所写的这封信来说,在客观上揭出了当时党内两条路线的分歧在青年和教育问题上的矛盾冲突,绝不是笑话。我当时已经认识到,这个问题并不简单,包含着"红"与"专"的复杂冲突。当时主导的路线是"文革"的极"左"路线,在这个路线下,发动千百万知识青年到农村去,到边疆去,"扎根农村、扎根边疆",成了这个路线对全体青年的"红"的要求,也是当时主流宣传的价值和理想。按照这个路线的逻辑,工农兵上大学,自然应当推荐那些最符合当时主流价值表现的青年去。另一条路线是力图纠正"文革"对科学技术发展和国家工业化的阻碍，大学必须以"专"为要求，以赶上世界的发展和追随时代的进步，以尽快实现国家的现代化。按这个路线的逻辑，应当选拔那些知识基础好、文化考试水平高的青年上大学。后来我们知道，1973年的推荐考试方法，是周恩来推动的1972年至1973年在教育领域批判极"左"思潮的一个结果。因此不难理解，1973年的重视考试的选拔结果实际上构成了对当时主流"文革"路线和上山下乡运动的一种偏离，按照这一路线，青年会选择专心复习数理化，不再会认真追随主流路线宣传的那一套"扎根农村、扎根边疆"的价值和理想。这两条路线的分歧不能不在青年身上引起价值上的迷惑。张铁生的信就反映出这种迷惑。张铁生的信被"四人帮"利用而把问题提到两条路线谁是谁非的原则上，主流的"文革"路线当然就会占上风，以所谓革命化压倒现代化和专业化。何况1973年夏天正是"文革"路线准备大举"反回潮""反复辟"、保卫"文革"成果而苦于炮弹不够的时机。这就是在"文革"这样的特殊时代里，张铁生的信必然被高度政治化的内在原因。

四

中南矿冶学院（曾更名中南工业大学，现名中南大学）当时是冶金部几大院校之一，也是亚洲最大的有色金属矿业冶金研究和教学机构，地质、矿山、选矿、冶金、特冶、材料、机械、自动化，科系齐全，每个系拥有一座独立的大楼，它的校园当时在长沙是最好的。地质系拥有全湖南省唯一的一级教授陈国达，粉冶专家黄培云则在四十年代毕业于麻省理工学院，是著名学者赵元任的女婿（1997年我第二次旅居哈佛，在赵如兰教授家看到中南工业大学的赠幅，问起她与中南工业大学有何渊源，才知道老校长黄培云是其妹夫，四十年代在麻省理工学院）。我到学校以后更明白了，自动化系是当时大家认为中南矿冶学院最好的系，而地质系被认为是最艰苦的系。同情我的人都认为，有人通过走后门，用"掉包"的办法调换了我的专业，把自己的子女或关系换进了自动化系。报到之后，我登上学校后面的岳麓山，细雨绵绵，使得我的心情很难敞开，在山上套宋人词意，凑了一首小词《调寄浪淘沙》：

细雨麓山蒙，雾满石亭，低眉信扫尽秋容。红叶虽无落地意，何奈秋风？　　独步且徐行，漫踏林丛，遥闻山下有钟声。举目不及三丈远，只有桐松。

　　落地本亦可用飘落，但落地的地指的就是地质系，这是无可改的。上面所说的，涉及到我在上学前和入学初的一段心路历程，从未与同学提起，所以我的大学同学都没有人知道，系里的老师也不知道。这件事本来也不必特别提起，因为没有什么代表性，算是特殊经验。下面言归正传。

　　从"大漠孤烟"到"潇湘绿水"，生活与环境起了根本变化。长沙是一座古城，但我们那时对长沙的文化历史毫无理会，我们所知道的是，"湘江北去，橘子洲头，万山红遍，层林尽染，漫江碧透，百舸争流"。我们所知道的是，长沙是一座革命的城市，我们所参观的都是毛泽东早期革命活动的地方。不过特别值得回忆的是，湖南当时的农业在全国最好，我们的学生食堂，大米青菜，鸡蛋猪肉，样样不缺，商店里花生米等小吃都无票证的限制，不要说比起当时北京有粗粮供应的生活要好，就是邻省广东的同学春节回家也是从湖南大量购买猪肉。仅从这个角度说，"文革"中在湖南上大学也算是有口福的了。湘江的水有一种柔美的流动力量，夏天游泳非常舒服，与我从前在北京的陶然亭游泳池和京密引水工程的戏水不可同日而语。唯湖南雨多潮湿，常常连日细雨，中南、华南都是如此，这是我始终不能适应的。

那个时候上大学每日三餐由国家管，不交伙食费，学生助学金高者4元，低者2元，我是班长，经济条件在班里同学中尚属较好，所以没有申请助学金。但为了加强营养，我每天早餐在小贩那里买一个鸭蛋加餐，被一起从内蒙古兵团来的材料系女生赵某笑指为"鸭蛋先生"。学生生活很有规律，每天早上6点20分宿舍外面球场上的扩音器开始播送"北京颂歌"，相当于部队的起床号；接着播放革命歌曲"我爱五指山，我爱万泉河"，李双江的这首歌到现在仍然是我的最爱之一；然后顶着"新闻和报纸摘要节目"的广播从事各种晨练的活动。每星期六晚扛着凳子去风雨操场看电影，星期天穿着回力鞋到体育馆打篮球，铁打不变的安排，这些是我在那个时代最开心的娱乐和运动。由于所有同学都是从农村厂矿来的，非常珍惜学习的机会，认真刻苦，那时大家的学习生活算是生动活泼，秩序井然。

五

根据毛泽东的指示,"学制要缩短,教育要革命",大学学制当时一律改为三年。在1973年至1976年的三年大学生活中,我的最大的收获,是来自我称之为的"鼓励自学的自由教育"。进校的第一个学期主要是补课,补中学数学,物理和化学则结合中学和大学内容。我那时用清华编的补课教材,用半个多学期的时间,以超前讲课的进度,把中学全部的数学自学细补了一遍,概念非常清楚,做题也不困难。这说明对于理性成熟的成年人来说,掌握初中和高中的数学是比较容易的。我从家里带去的大学基础课教材,高等数学、普通物理、普通化学多是苏联人编写的大学教科书,翻译为中文,读起来并不顺畅。而且,每个人理解上的难点各不相同,即使是教育部统编的教材,也不可能适合每个个人的特殊需要。我的习惯方法,是把每门课程的每个概念、定义和理论部分,都用自己认为易于理解的语言改述一遍,把难点、要点阐明,写在一本一本的笔记本上,去代替教科书讲述不清楚的地方,这几乎是重写教科书的叙述文字,这可以说是我最早开始的文本解释实践。所以,所谓自学,并不是不上课,而是指自己自学的进度大大超前于老师讲课的进度。在三年里，所有的基础课和专业基础课，我差不多都提前半个学期到一个学期自学完成。理解在自学中已经完成，听课是验证理解和加强记忆，学习完全成为自己的主动性活动。在这个意义上，可以说，三年里的所有课程，从高等数学、普通物理到理论力学、材料力学等，我都是自学的。在这样的方式下，我的专业基础课可以说还是学得很好。当然，也不是所有课程都适于自学，如化学。另外，在工农兵学员时代，课程设计和同学的意愿，都偏于实际实用，最明显的就是大部分同学对外语没有兴趣，认为到厂矿基层没有用处，我们全班，算我在内，只有两个人坚持把专业英语教材学完，但那时没有收录音机，教材也差，自学效果不佳。

为什么有可能采取这种超前的自学方法呢？一个最重要的原因，是当时的课程没有考试，也不需要大量做习题，资质好的学生自然学有余力。这也是我称之为"自由教育"的缘由。这使得学习集中在理解能力的锻炼培养，而完全忽略做题技巧的重复训练（想想看，没有考试，这对于作学生者是何等的好啊！但这样的学习方式要以学生有学习的自觉性和主动性为前提，而这正是珍视学习机会的工农兵学员所不缺少的）。对我个人而言，三年的这种学习，主要是从理工科的角度全面训练了我的"理解"文本、分析概念的能力，这种能力其实主要就是逻辑分析的能力，和哲学的逻辑分析是相通的。对我后来转向哲学和哲学史，起到了另一种训练作用。

这种自学教育方式自然有得有失，而我要说的是，这种没有考试、不要大量做题的学习模式，带给了我另一重要的发展空间和可能性。

六

由于没有考试和作业的负担，从第一个学期结束的假期开始，我就开始大量阅读哲学、社科、文史书籍，"文革"时期图书馆的文科书开放仍然有限制，但人的阅读兴趣也受到时代的限制，所以当时图书馆的书已大大满足了我的需要。上大学后，我延续了在内蒙古兵团开始的文科爱好，以通读《马恩选集》和《列宁选集》为基础，从周一良的《世界通史》和敦尼克的《世界哲学史》开始，广泛借阅了各种人文社科书籍。大学三年中所读的书既多且杂，书名也难尽数。印象深的，是读希腊哲学

在澳洲澳新政府学院，2013 年 12 月

史以后，看马克思的《数学手稿》，一下子就明白了。读了《德国社会民主党史》，我给同学讲《哥达纲领批判》，内容就比一般的解说要丰富。《资本论》第一卷也是这时开始读的，连带也把于光远、徐禾的政治经济学书翻看一过。《汤显祖集》总放在枕头旁边，中午午睡前翻上几页。值得一提的是，当时学校图书馆一层左行尽头的阅览室，有"文革"以来出版的所谓内部书籍，有小说、传记、社科等类，并不公开书目借阅，但知道的人就可以从管理老师座位旁边的侧门进去选借，在阅览室内看。像苏联小说《你到底要什么》《多雪的冬天》，历史著作《第三帝国的兴亡》等，我都是在这里看的。我忘记了自己是怎么知道这个窍门的，总之在那里学生看书的很少，除了我以外，只有冶化761班的一个女同学对理论问题有兴趣，有时在那里借书看。当时有两个刊物非常流行，一个是《自然辩证法》，一个是《学习与批判》，这两份刊物的特点是理论性强，可读性也强。我的经济条件不可能多买书，所以像《学习与批判》等都是在这个阅览室看，自己只买《自然辩证法》。当然，也买《战地新歌》。

就我们的教学计划和安排来说，当时都经过认真仔细的设计，安排给工农兵学员上课的老师都是非常优秀的有经验的老师，我现在仍能记起来的基础课、专业基础课以及专业课的任课老师，都是业务骨干，教学水平较高。为什么要配备有经验的老师担任教学呢？我想，一个原因是校系和教师对毛主席教育革命路线的支持，主观上要把社会主义新型大学办好；另一个原因则是顾虑工农兵学员有经验，敢造反，怕工农兵学员提意见。当时宣传工农兵大学生有一个口号，叫做"上、管、改"，意思是上大学、管大学、用毛泽东思想改造大学。就我们的实际经历来说，主要是上，没有管，也没有改。同学对老师是尊重的，老师也和同学一起参加各种活动，相互接触多，师生关系很融洽。但是应当承认，相当多的学员基础较差，虽然这对工科特别是与实际结合较密切的专业，在专业课学习方面似乎影响不大，但对于这些学员，由于基础课和专业基础课的学习没有深入把握，从长远的技术发展和创新能力来说，就会有问题了。

在专业学习之外，对我个人有影响的，主要是"工农兵学员上讲台"。我在内蒙古兵团时期，受时代风气的影响，长期自学哲学、政治经济学、社会主义理论，已有一定的基础。在1973年的第一个学期，政治课讲中共党史，我写了一篇文章，较长，主要讲"文革"时期对于群众运

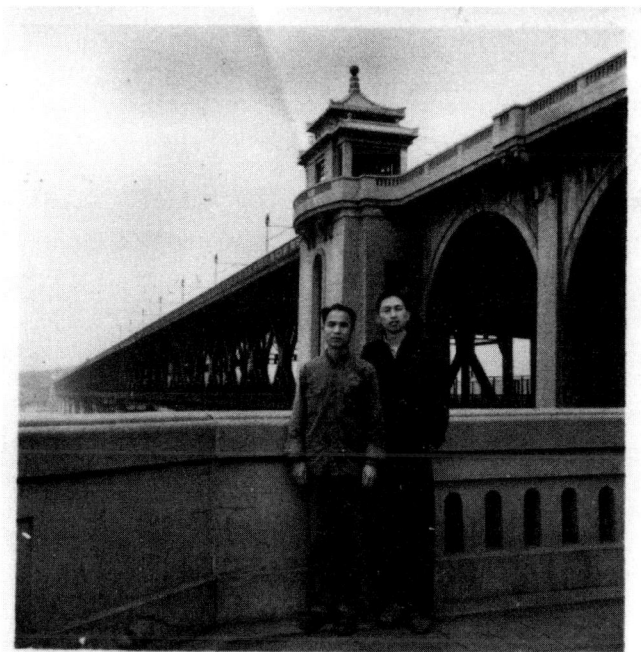

武汉长江大桥摄影

Cu han chang huang tschien jú sing 七五年五一

1975年,与李达焕摄于武汉长江大桥

动的态度，这个文章折射了"文革"群众运动对我的影响，在今天看当然没有什么价值，但引起了同学和老师的注意。第二学期政治课讲哲学，老师就安排我讲了几次辩证唯物主义的认识论，同学们的一般反映是我讲的效果比老师讲的要好。本来，我是大城市的知识青年，有较长期的自学经历，在思想理论水平方面当然不是一般同学可以相比的，而由于上讲台的反响，更使得我在"开门办学"中被附加了一份兼任政治课教学的责任。所谓开门办学就是走出校园，让课堂与厂矿基层相结合，但每个班的实习去处不同，政治课教员却没有那么多。于是，1974年在湖南新化开门办学我就负责讲《哥达纲领批判》，1975年在湖北黄梅开门办学我就负责讲《反杜林论》。用当时的标准来看，我可以说是"又红又专"的一个例子，"专"就是专业课学习，"红"就是政治理论学习，所以，我后来转向哲学，绝非偶然。

我们上大学的时期属于广义的"文革"后期，全国经历了"批林批孔""学习无产阶级专政下继续革命的理论""反击右倾翻案风"等运动，但就我们这样的在北京和上海以外的工科院校而言，这些运动对我们的学习计划影响不大。总体上说，我们所经历的这些运动，都不是急风暴雨式的，而是毛毛细雨式的，和长沙的天气一样，这大概就是中心和边缘的不同吧。在我的记忆中，唯一一次真正"运动"了大家的，是1974年二、三月的"反回潮"，各班都积极组织寻找批判的切入点，一时间校内大字报贴满了院墙，很有点"文革"初期的味道，其中印象较深的是猛批湖南大学招收的高中毕业生直接进大学的"师资班"。但这次运动仍在学校的各级领导控制之下，在不长的时间内即告结束。对于同学们来说，大家都知道学习机会难得，何况毛主席也说过"学生以学为主"，所以此后对运动都没有什么热情。特别是，由于工科学生开门办学的时间很多，像我们1974年夏天在新化锡矿山，1975年春季学期在石家庄煤机厂，七五年秋季学期在黄梅地质队，1976年春季学期在桂林地质所，任课老师也都随学生一起下去，很少有大块时间在校内参加运动。但国家大形势如此，运动自上而下，任何机构不可能完全置身于外，大学教育也不能不受到连绵的政治运动的影响，这是特殊时代环境的限制。对于这些运动本身，我都没有兴趣，但趁着潮流也看了一些相关的书，"批林批孔"中读《论语》，使我对孔子非常同情，1973年底看郭沫若的《十批判书》，也看杨荣国新中国成立前在桂林写的

《中国古代思想史》，开始形成了一些与时论不同的有关古代伦理思想的初步看法。而这些想法就是后来我报考北京大学研究生时给张岱年先生写信的基本内容。

孟子说过："天将降大任于斯人也，必先苦其心志、劳其筋骨、饿其体肤，空乏其身，行拂乱其所为，所以动心忍性，增益其所不能。"这是大家耳熟能详的话。就我个人来说，在内蒙古兵团的劳动可以说是劳其筋骨、饿其体肤，在长沙上大学的念书可以说是苦其心志、动心忍性。我虽然没有受到什么大任，但这些作工农兵和作工农兵学员的经历，在我的人生中都有正面的意义。在内蒙古的社会实践中打下了人文社会科学的基础，开始养成阅读经典原著的习惯；在工农兵学员的时代继续拓宽和发展了对人文社会科学的知识，而且经过了比较系统的理解能力的训练，提高了综合素质。这些可以说都对我后来的学术发展做了铺垫和准备。

大学毕业时，由本专业教研室支部书记李达焕老师和我一起，研究决定本班同学的分配方案，我放弃了留校和到国内本专业最好的科研单位，选择了华北会战指挥部。我在1976年8月大学毕业，一年后，1977年10月国家宣布恢复高考制度，随后1977年11月初国家又宣布恢复研究生及考试制度。1977年11月我报考了北京大学1977级哲学系的研究生，后来1977级和1978级合并招生，考试延后，我在1978年5月参加研究生考试，又通过复试，被录取为北京大学"文革"后首届研究生，进入北京大学著名的中国哲学史专业学习，找到了真正属于我的地方。这样，我就在这一年实现了两个跨越，一个是从工科到文科的跨越，一个是从工农兵学员到研究生的跨越。77、78级本科生和我们78级研究生都是1978年入校，当时的研究生依照"文革"前制度，佩戴红牌，一切待遇视同教员，可在宽敞无人的教员阅览室学习，深为77、78级本科生所羡慕。1981年我毕业留校任教，后又考取了北京大学首届文科博士生，1985年获得哲学博士学位，成为北京大学首批文科的博士。至此，我的学校学习的经历终告结束，开始完全转入大学教书的生涯。

2006年9月写于哈佛旅次

燕园道问学
——研究生学记

以下的这些文字，对我来说，也许过二三十年再写更合适些，但杜维明教授坚持认为有此必要，却之实在不恭，我就只好勉为其难了。

昔孔子十五志学，三十而立，又说："后生可畏，焉知来者之不如今也？"南宋朱子注云："孔子云后生年富力强，足以积学而有待，其势可畏，安知其将来不如我之今日乎？"现代人研究学问，既不能十五志学，也就甚难三十有所立，实愧对孔子"可畏"之语。就以我来说，虽然已经年近"不惑"，可是于积学成德仍然是无所立焉。

我在大学念的是地质系，研究中国哲学是后来的事。大学毕业后在一个地质研究所工作了两年，照理说，这个工作也不能算不好，但我的心思始终在文史一途。大学念地质系并非志愿，只是在"文革"特定年代，为了尽快离开乡下的农村而不得已的一种选择，真正说来也不是选择，而是"分配"。所以，在我念大学的那一年，因大多数人还在"山"上"乡"下"接受再教育"，而我能上大学已被视为从"习坎入于坎"变为"飞龙在天"，但自己脑子里常常出现的却是《红楼梦》里的那首《终身误》"纵然是齐眉举案，到底意难平"，这"到底意难平"正是当时未能如愿读文科的心境的写照。入学不久，我在雾中登上学校背后的岳麓山，在山上曾作得二首小词，其中有一句"红叶虽无落地意，何奈秋风"，这"落地""何奈"几字正是指我当时不情愿念地质系的沉闷心情。

我下乡的时候是在"建设兵团"，干活的大田距住处颇远，上下工每天在沙漠中往返走三四个小时，大体上白天干活，晚上可以看书，所以四五年里也还是念了些书。读书的兴趣，受朋友的影响，是以文史哲为主，先念马克思、恩格斯以及列宁。马克思的哲学本来源自所谓"德国古典哲学"，特别是黑格尔，并不容易读，初读《神圣家族》《德意志意识形态》《黑格尔法哲学批判》，甚觉吃力。所以念过马克思对后来读德国哲学不无益处。我认为，学哲学的不管开始念的哪一家，都可以训练思维，虽然你可以赞成或者不赞成这一家的哲学，这正是"千蹉万径皆可以适国"。马克思和恩格斯的书我是扎扎实实读了十几本，其实当时哲学系的本科学生也总是从教科书入手，马克思的原著未必念得几本。不过当时我读马克思也并非要达到一个什么长远的目的，大抵是当时的社会思想环境使然。其他所读的就更无一定的计划，我下乡时自己带的书只有范文澜《中国通史》、游国恩《中国文学史》和一本《唐诗三百首》，所以基本上是借得到什么书就看什么书。后来，书籍的"解放"日渐发展，念的书也就比较杂起来。但总的说来，文学虽也有兴趣，如汉赋喜欢宋、枚，唐诗偏爱元、白，但兴趣主要还是在思想理论方面。下乡的后期，对政治经济学尤有兴趣，也曾略下工夫，当时最大的愿望是到北大念经济系。

在大学里，因当时没有什么考试，专业课的负担并不重，所以我把相当一部分时间用来念文科方面的书。在农村时书的来源还是太有限，现在的大学虽然是理工学院，但图书馆和文史阅览室足以资用。那几年念过的书既杂且多，也不必尽述，和思想史有关的，是将苏联人敦尼克主编的全套《哲学史》细读了一遍，获益匪浅。如那一年刊出马克思论微积分的《数学手稿》，号称费解，但我因已对希腊哲学有所了解，即从芝诺一派的辩证法很容易把握到马克思的思路。不过,那时在思想史上的兴趣,偏于欧洲,特别对早期共产主义、社会主义思想家很留意,如摩莱里、马布利、傅立叶及比马克思稍早的魏特林的书都一一读过。

回想起来,大学那几年读的书大都是外国历史、哲学,中国古典方面却是很少,除了手头有一部新版的《汤显祖集》时常翻阅外,与古代哲学思想有关的典籍几乎没有接触过,这也许和当时书籍来源的限制有关。

"批林批孔"时讲所谓"评法批儒",解放了一批古典文献,但除了已加"批注"的《论语》之外,我全未涉猎,读北京大学编的《儒法斗争史》和杨荣国的《中国古代思想史》是我第一次比较系统地接触中国思想史。有一次听杨荣国讲"批孔",翻来覆去不过是子见南子、阳货送猪肉,令人反感;"批孔"既然强调把孔孟之学作为封建主义意识形态来批判,在逻辑上与孔子人格是否完美毫无干涉。在很早以前,我也看过郭沫若的《十批判书》,郭的文字我不喜欢,但观点上大体赞成,因而对毛泽东所谓"《十批》不是好文章"一说也觉难以理解。在"批孔"的时候接触儒家思想,我经常意识到,自己是认同孔子和儒家伦理学说的。现在看来,这和少年时代所受的教育有关。其实，即使在1949年以后，除了"文革"强调"与传统彻底决裂"的时期外，传统文化的影响并未断绝。不仅"子曰：学而时习之，不亦乐乎"是小学课本必读的内容，儒家的教育思想、伦理原则通过各种渠道对社会保持影响。我小学五年级的班主任经常在教室黑板上写一句古人格言，我清楚地记得，他第一次写的是"己所不欲，勿施于人"，这对我有十分深刻的影响，由此亦可见五六十年代民间教育的一般气氛。

1977年秋，中国大陆在"十年动乱"之后，宣布高等院校恢复研究生制度以培养学术研究的高级人才，在报纸上看到这一消息的一个星期后，我从位于北京东郊（通县）的工作单位跑到北京西郊的北京大学报名。研究生办公室的周女士告诉我，她自己也是刚刚从十三陵北大分校调回来，上任只有一个星期，一切工作还未就绪。应我的询问，她说1977年哲学专业招生的专业是中国哲学史和西方哲学史，并告诉我各专业的指导教授名单、考试科目及参考书目等都还没有印出，她表示将尽快寄材料给我。中国哲学史和西方哲学史是北大传统的实力专业，曾在北大做校长的胡适之先生就不必说了，1949年以后，北大哲学系聚集了汤用彤、冯友兰、朱谦之、黄子通、张岱年、任继愈、金岳霖、朱光潜、郑昕、贺麟、胡世华、王宪钧、洪谦、任华、周辅城、张世英等一大批杰出学者，中间虽建立科学院哲学所，以及后来于北大内成立外国哲学研究所，人员颇有变动，但学术地位未曾动摇。1977年中国哲学史专业领衔招生的是张岱年教授。张先生字季同，别名宇同，因他在1957年反右时遭受打击，外间人士虽多读过他的《中国哲学问题史》（又名《中国哲学大纲》），但少有知其人者。

我选定中国哲学，因是"半路出家"，所以先写信给张先生，讲明情况，并附了一篇我写的关于儒家伦理的文章。多年之后张先生还对人提起："他（指我）对伦理学有体会，他寄给我的第一篇文章就是关于伦理学的。"可见这一篇"习作"给先生的印象颇深。文章大意是反对强调所谓伦理原则的阶级性，从儒家伦理谈人类社会生活的普遍伦理原则，其中对曾受到批判的冯先生的抽象继承问题，作了较详的同情的分疏。张先生1957年已有《中国古代伦理学研究》一书，我写此文时已看过张先生的书，但也非"投其所好"，盖因我自己的伦理认同本来即在儒家一面，只是将历年所思，一一加以辩证罢了。

不知什么原因，北大决定1977年与1978年度研究生合为一期，考试推迟三个半月，招考专业也有增加。我因专业已经确定，并准备了一段时间，也就再未改变，虽然当时对经济学颇有点动心。由于我未正式修过哲学系的课程，各种课程的考试如何作答，全无所知，准备考试的方法殊不得要领。我一面熟读任继愈主编的《中国哲学史》，一面念中华书局出的《中国历代哲学文选》共七册。

后来有人问我如何能一下子就念懂古文，其实也未专门学过。小学、中学的古文课作不算数，但我九岁即念《三国》《水浒》《西游记》至烂熟，后来从《东周列国》至《聊斋》及晚清诸小说，无所不读，下乡时有一位老兄手上有二册《古文观止》，也常借来诵读，加之《中国历代哲学文选》隋唐之前多有注释，因此文字上毫无困难。为了考试，着实也下了实在功夫，到了临考时，不但任著《中国哲学史》各节义理了然心目之中，即全书所引原始资料，我也一一背诵过来，这个办法失之在笨，得之在实。

5月初试完毕，张先生复书给我，说初试中国哲学史考得不错，望我努力准备，迎接复试。我知初试已通过，十分兴奋，根据初试题目的类型和路数，我自己又拟定了十几道题目。复试时桌上放数十张卡片，每张卡片一组题，卡片扣在桌子上，我翻开一张，共两题，其一是"张横渠如何批判佛老"，正是我自己拟定的准备题目之一，心中暗喜；其二是关于公孙龙白马论的哲学分析。每人准许准备一小时。我因资料熟于胸中，又已"押"中题目，仅用十分钟就将所需资料写在纸上，即到窗前眺望，监试老师十分奇怪。复试时感觉很好，很轻松。

复试之后，第一次拜见了张先生。先生颇多鼓励，并告诉已录取，先生和蔼可亲，教诲深切，使我感佩非常。这一次研究生考试，对我益处不小。就以背诵原始资料来说，我后来的教书还常得力于此。有一次同学问我何以可以开口成诵，我说这也是当年考试所逼呀！

另有一事值得一提，初试四门课，其中马克思主义哲学一门我的成绩竟距及格还差两分，想必哲学系研究生马克思主义哲学不及格是不可思议的，据说因我的总分较高，系里专门派人去查看了我的答卷，最后认定是紧张所致，假如当时因此不许复试，后来如何也就难以设想。其实我并非有意忽视马克思哲学，盖因我是从读原著下手，未曾念过艾思奇的教科书，自以为颇有基础，岂知题目全不凑泊，是以成绩欠佳。这一年报考中国哲学史的有二百多名，最后共取了十名。

　　入学时正是1978年金秋，所有男性研究生全部住在北大29楼，"文革"前称29斋，也是研究生住楼。"文革"前，研究生一律发给大学毕业生工资，在校内佩戴红牌（学生戴白色校徽），一切待遇，视同教职员。至是，一依旧例，只是我们这些原有工作的全由原单位发给原数工资。由于这一届研究生乃是十几年所积，同学间年岁差别甚大，多数都已婚。哲学系中哲、西哲、马哲及数理逻辑四个专业共二十八人，其中三位是女性。老北大哲学系的毕业生并不算多，半路出家者却占大半。

　　初入北大，先去拜见张先生请问读书次第，先生告以循序渐进，由浅而难，义理固是重要，文字训释亦不可忽，令先就王先谦《荀子集解》细读之，盖荀子在难易之间，于打基础最为适合。于是到琉璃厂买来清刻本《荀子集解》逐日嚼读，并用红笔逐句点过。张先生又为大家开了一张书单，上列古籍清人及近人注本五十余种，同学之中大概我是念得最多，但也只念过三分之二而已。

　　北大作为培养高等院校师资的重要基地，是强调教学的。培养出来的研究生不但要有学术研究能力，而且一出来就能上专业的课，这与社会科学院便不相同，因此朱伯昆教授为开"中国哲学史及资料选读"一课，每周八个学时，长达一年。必修的课程还有张先生开的"中国哲学史史料学""中国哲学史方法论"，以及佛教哲学、科学哲学、列宁"哲学笔记"等，黑格尔的"哲学史讲演录"、罗素的"西方哲学史"、威伯尔英文"哲学史"则都采取自学与读书笔记的办法，我自己还选了"数理逻辑""集合论""历史唯物主义"。两门外语是英文和日文，这些课在一年半内念完，然后做论文，学制三年。这些课中以朱先生课最重，这个课本来计划以念《中国哲学史教学资料汇编》为主。《汇编》是六十年代配合任著《中国哲学史》教科书编辑的，与《历代哲学文选》整篇选录的体例不同，采取语录类编的方法，便于教员备课教学，内容也比较多，先秦至隋唐已有八册。但因这套书当初印行有限，难以人手一部，所以后来讲成了朱先生自己的哲学史体系。朱先生资料精熟，据云仅次于张先生；尤重义理分析，得力于恩格斯不少。听他的课很累，但收益甚多。有人说，把朱先生讲课的笔记做好了，走到哪里都可以讲课了，任继愈先生招的几位研究生也到北大来听张先生和朱先生的课。

先是，十位同学共议注释王船山的《周易外传》，作为三年同学的纪念，后来多数同学没有兴趣，半途而废。不过朱先生课念《管子》时，大家利用郭、许合著的《管子集校》，校译了《管子》的一些篇目，倒还是很有意义的。听朱先生那门课已经很重，故同学们真正随课念完《汇编》的毕竟不多，而我因考试前已背了一堆资料在肚子里，故于《汇编》尚嫌不足，于是随朱先生讲课进度，讲到哪位哲学家，即借其所著书来读。此种念法因随教学进度，有的也只能粗读，但比起《汇编》的片断，毕竟可以窥见全体，何况当时注重的是纯粹哲学方面。1949年后，中华书局新印校点本古籍虽然不少，但1978年时已难买到，我们的用书一部分买自琉璃厂中国书店的旧书部，但主要还是依赖图书馆。好在北大图书馆本来藏书甚丰，又加上吸收燕大藏书，足以资用，教员每人十张借书卡，即每人手上所借学校图书不得超过十本。我日常从图书馆抱着几大函线装书，走在路上，常见人投来异样目光，大概不知此是何等"劳什子"，自己心中亦暗自好笑。一次借得《宋元学案》和《二程遗书》，题笺竟是胡适之先生。胡博士有一大批藏书在北大，有十几年一直保存在俄文楼顶层，大概在他过世之后，这些书也就并入大馆编目外借了。胡适这两部书的题笺大意都是说买自何处，准备用来校勘某某本子。胡适的字我很喜欢，他的藏书有题笺眉批的甚多，他藏书中佛教典籍的题笺眉批，楼宇烈教授近年已辑得不少，每有发现，即影印存录，再过几年也许可以出一本胡适藏书题笺眉批的辑录。《朱子语类》也是上朱先生课时第一次念，当时关怀所在，是在纯粹形而上学方面，加以朱子书太多，也读不过来，但毕竟是将论理气、心性、鬼神及论周程张邵的部分念过。

第一学期过去之后，即酝酿分断代，即每人选定论文的断代范围，而分断代意味着分导师。旧例，导师挂牌招生，学生考谁的研究生，入校即由谁指导，是为该教授的研究生。但我们这一届是中国哲学史教研室几位教授集体合招，所以进校时谁也没有固定的导师，或者说全体教授都是导师。但划分断代后就确定了论文指导的导师，大家心中都要做张先生的弟子，我自然也不例外。我入校前多次与先生通信，已自列于门墙之内，先生对我也甚为关怀，入校后的往来也多于他人。但当时不少同学都报了先秦，我无意与人相挤，即报两汉魏晋六朝。当时我的心思在中国古代哲学和自然科学的关系，为此在那一年暑假竟未回家（我家距北大不过五公里），埋头念"天文学教程"和"中国数学史"，哲学系另一位不回家在校念书的是梅京兄，他读书成瘾，后来在哈佛更有发展。

暑假过后，张先生告诉我，"你们的断代要调整"，通知我分在宋明，由邓艾民教授指导。宋明哲学我也喜欢，这一时期哲学性很强，而且宋明理学中有许多问题，在既有体系中并未说得清楚。我的兴趣本来偏在哲学问题上，先前是想利用我学过自然科学的有利"优势"，使论文作出比较突出的成果，此路既不通，自亦无碍，于是选定朱熹作论文。

我对于朱子当时有两点基本想法：第一，在我看来朱子是一位头脑最清楚的哲学家，理性意识很强，又有文字辨释的工夫，所以他不会含混其词，左右颠倒，讲那种Paradox的东西；第二，朱子学说就表面上看又确实有很多矛盾，这些矛盾是真矛盾还是假矛盾，是朱子所讲的问题不同，层次有异，抑或是他老先生思想前后有发展？我在先前念《朱子语类》时即发现太极阴阳既是本体论的范畴，又是心性论的范畴，因而所谓太极阴阳的问题就不是单一的。又从前我念陈康先生的《巴门尼德斯篇》，对哲学家思想的前后变化发展印象颇深。事实上，这两点也是我后来作朱子研究的基本进路。

不过，邓先生指导我们（另一位学兄研究胡适），仍从先秦念起，要每人念过四五部原典再进入断代研究。我心中急于进入断代研究，所以很不情愿。但也无奈，于是选了《孟子》《庄子》《公孙龙子》《易传》及郭象，《孟子》自是参考赵注念焦循的《正义》，《庄子》自然是看郭注成疏与王先谦《集解》，《公孙龙子》念陈澧的《集解》，《易大传》念高亨的注。要求是精读，每一家读毕要写读书报告。我的进度大体是三个星期念一家，写一篇一万五至二万字的报告，实际上是写一篇文章。为了尽早进入断代，这个进度是我自己安排的，比较紧张。不过我们从哲学史的角度看书，重点不在乎字解句通，而是在理论上加以分析，第一篇孟子写的很长，邓先生认为不错；庄子的一篇邓先生认为有两点看法，近于罗根泽。当时治先秦的几位学兄都精研庄子，我把此文请他们看，皆称有特见焉。此文我加以修改后参加北大五四学术讨论会。郭象的思想我早即认为既非唯物，亦非唯心，既非崇有，也非贵无，乃写定一篇，先交张先生看，张先生批云颇有新意，并为推荐至刚刚创刊的《中国哲学史研究》杂志，未几，稿子退回，张先生说他们也未说什么理由。我猜想此文与传统唯物唯心二分之论颇有不合，其不见用，也情有可原，否则以张先生身为中国哲学史学会会长的身份，向学会所属的《中国哲学史研究》推荐，本无不接受之理。于是又将此稿交给正在办《中国哲学》集刊的楼宇烈教授，我的文章本与楼先生所见不同，但他不以为忤，终载于《中国哲学》。在念上述几部原典的同时，邓先生还开了一门英文的柏克莱哲学，并要我们细读康德的未来形而上学导论，还要我们翻译狄百瑞教授《明代的个人主义与人道主义》。这一学期我感到十分紧张，常常头皮发紧，真有所谓"头昏脑涨"之感。

1980年春算是正式归到宋明方面来，先将黄全《学案》两宋部分重新念过，然后各写一篇张载、二程报告。二程这一篇算是学年论文，邓先生评价不错，张载的经修改后，1981年1月发表在中国人文、社科的最高学术刊物《中国社会科学》上面。这篇文章我一直以为写得不算好，发表在《中国社会科学》上恐怕也有些因时际会，但开创了在学研究生在《中国社会科学》发表文章的第一例，也不无意义吧（值得一提的是，这篇文章的稿费我作为纪念，送给了正在热恋的后来成为妻子的她）。二程作为朱子的源头之一，我也相当重视，但当时所思多在纯粹理论上，我是以天人合一思想从先秦到北宋的发展来研究，并比较了欧洲斯多葛派到格劳秀斯的自然法思想，当时正逢教学实习，我给哲学系学生讲濂溪二程，即将这些意思加以申发，后来有两位女同学告诉我，她们竟以为我是学欧洲哲学的。

实际上，所有研究生中像我这般死读书、读死书的也并不多。本来大家年纪已大，心思不易集中，刻苦精神自是今不如昔，更加上成家的难免都有"难念的经"，未成婚的自然会有种种的约会和谈话。也确有些人有"魏晋风度"，如邻室的王宪钧先生的几位弟子，生活之愉快令人羡慕。一来据说搞数理逻辑的本不在乎书读得多少，从金岳霖先生起就不甚读书，只一心思考；二来这几位老兄也实在活泼，从邓丽君到迪斯科，音响放得常引起抗议，还常能约得一些研究生女生来学跳"探戈"。我辈念中国哲学的，难免有腐儒习气，像我自觉也够"开放"，欣赏邓丽君还可以，被这几位老兄引为同调，可要说跳"探戈"，就只有望场兴叹、退避三舍了。为了减轻当时轻度的神经衰弱症，我那段时间每天下午去学"太极拳"，先学二十四式，即觉有效，这"无极而太极"的活动可能比较合于我们这些念中国古代哲学身份的。也许外人并不如此看，只是我们自己的心理认同而已。

1980年初夏，我全力投入准备有关朱子的论文。盖在此前，我早即决定作朱子的论文，从孟子到二程都是准备工作而已。1979年冬，美国密西根大学的蒙诺教授访问北大，专门约我们几位研究生在未名湖畔的临湖轩谈。临湖轩原为司徒雷登住所，倚于湖侧，掩于翠竹，极是优雅，现为外宾接待处。蒙诺问，社会科学院研究生多作宋明的题目，为何北大只有你（指我）一人作宋明？美国人以为此中隐含有什么学术发展的动向。我说偶然性居多，如导师的专长和兴趣可能常常是决定性的，像社科院容肇祖先生专长即在宋明，而任继愈先生几位弟子都作王船山是和任先生当时兴趣有关，而我之选定宋明朱子，也并非有学术计划使然。他问我朱子所说"心统性情"如何解，我当时研究未深，亦无法明确回答，只是说此话出自横渠，朱子加以申发，其论亦不过谓心兼性情而已。这个回答等于没有回答，不过对方听说此语本出横渠，亦露出诧异的表情。其实我们那一年的论文题目是很多样的，如论《庄子》《管子》、张湛《列子》注、严君平及《老子指归》、郭象《庄子》，有一位从先秦改为戴震的伦理哲学；也有作断代专题的，如进化论在近代中国的研究；还有作通论题目的，如程宜山兄。"文革"前程兄本是北师大历史系的高才生，"文革"中分到河北农村教书，他极富才力，所具之现代物理学与科学哲学的知识令人惊奇，他作的题目是《中国古代的元气论》，几年前已由湖北人民出版社出版。我在刚刚划分断代时即已认定朱子为研究对象，虽邓先生令去读先秦诸家，但我已开始研究《朱子年谱》，将《年谱》节要抄录在笔记本上，盖《年谱》原书中存录朱子文字太多，不必尽录。又借得李绂《朱子晚年全论》，将其所考结论亦一一抄录，时常检看，所以等到写完二程的报告，朱子一生行事已了然于胸中了。

我一开始确定研究朱子，目的性就很强，心中早已定好题目，即朱子理气观的研究。盖听朱先生课时我同时参看冯友兰、侯外庐先生的著作，即发现朱子既讲理在气先，又讲理在气中，又有逻辑在先的讲法，其意究竟如何？诸家各立一说，只取于己有利的材料，我研究朱子，必得解决此一问题。于是先将《语类》《文集》《四书集注或问》《太极西铭解义》诸书中论理气心性等哲学问题的语录，一一抄在卡片之上，每天从早至晚，在图书馆的文科教员阅览室里工作，经数月录完，但从义理上仍不得其解。因思朱子十九岁进士，二十四岁从学延平，七十一岁死去，其思想容有发展变化。其实念《语类》时我即注意到，卷一论理气诸条，讲逻辑在先的几条悉出于庆元之后，实属晚年无疑，疑其早年不如此。此即为一"大胆假设"，但须"小心求证"，乃以全部心力考证朱子，一个暑假全未休息。《语类》为一百四十卷，《文集》为一百二十卷，考证殊不容易，但科学研究必得如此。假定我们说"《文集》书札之排列皆以年秩"，根据这一点，如能断定答某人第一书为某年，则其第二书即使不能确考，亦可依《文集》编例推定在第一书之后。但"《文集》书札排列皆按年秩"这一结论必须全部考证过朱子书信后方能得出。也许考证结果前一假定根本不能成立，《文集》各家书信的排列全无次序，则上一推定亦不能成立。又如《语类》所录每条均有记录者姓氏，全书卷首有《语录姓氏》，说明某人所录在某年或某年至某年间。若张三所录惟在某年，则每条语录记录之年便不难见。若张三所录在某年至此后十年之间，则张三所录各条的年代就不易确定，这就须进行全面的考察，找出其他可以依据的规则来。我先动手作《语类》的工作，做了一半忽闻《东方学报》有田中谦二本《朱门弟子师事年考》，借来一看，甚喜，《语类》已不必作，复专做《文集》朱子书信之考证。《文集》所载朱子论学书乃朱子哲学思想重要材料，约数千封，我因已看过李穆堂全论，此种考证之法已知，年谱行事亦熟于胸中，于是将书信一一加以考订，中间查考《宋史》《会要》、宋人文集、清人著述自不必说了。各种工具书在文科教员阅览室也还完备，如台湾编的《宋人传记资料索引》等亦皆有之。只是因没有索引，许多地方全凭人脑记忆，如某一书提及某人某事，记忆中有书亦及此人此事者，即以之相互参证。考证结果共写满了六个笔记本。1980年10月将笔记本所写抄在横格纸上，次年春又复抄在稿纸上，计二十余万字，题目为《朱子书信年考》。那一个时期因为太用功，眼睛常觉得难受，教员阅览室的《四部备要》《朱子文集》也快被我翻烂了。

1980年秋，华东地区宋明理学讨论会在杭州召开，这实际上是次年在杭州召开全国宋明理学讨论会的一次预演。我随邓先生前往参加，借机对当时全国宋明理学研究的现状作一了解。1949至1980年，宋明理学的研究大体是在低潮，虽然研究的学者数量不少，但有一段时间把注意力放在用苏联人转述的马克思主义哲学史观范围中中国哲学的材料，且注重写通史，以至对宋明理学家专人的研究专著竟是空白。在这次会议上，东道主拿出他们写的王阳明哲学的小书，请大家提意见。就是在这次会议上，听到了一系列撰写宋明哲学家思想的专著的计划。我从杭州开会回来，北大的竞选运动已经热烈非凡，哲学系研究生已成两派分裂：以胡平为首的自由派提倡言论自由，另一派学友加以反对。北大亦有好几位女生出来竞选，走在图书馆的路上，女学生热烈激动的高谈阔论，使人想起"文革"初期，此亦一时热闹也。

有了材料的基础，我的论文写得很顺利，论朱子理气论之发展演变，从朱子早年从学延平说起，论延平关于理的思想对朱子的影响，中间丙戌、己丑之悟略为表出。盖我初下手研究《朱子年谱》时，即见王白田于两次中和之悟极为着意，而此一问题却不见作哲学史的人提起。因问邓艾民先生，先生却令我自求其解，故为详细考察。这一部分本写入论文初稿，后因为北大规定论文不得超过五万字，故而将那一段大部删去。然后作《太极解义》时的理气论，进而考察南康前后至《易学启蒙》的发展，朱陆之辨及守漳前后着墨颇多，而以庆元以后为晚年定论。大意以为太极解义时朱子理气观主要是一种本体论，后来发展出很大的宇宙论成分，晚年觉其矛盾，始有逻辑在先说，又以朱子理气观有论本源、禀赋之不同，加以疏解。论文答辩会除本校教授张先生、朱先生、邓先生、楼先生外，外请任继愈先生、邱汉生先生，以任先生为主席。任先生评语谓"有说服力、有创造性"，邱先生亦许"独辟蹊径，发前人所未发"。

1981年秋，我毕业留校任教，诸位窗友或在北京或分外地，一时散去，是时正值杭州宋明学会，我因办理手续，未能参加，在家中伏读钱穆先生《朱子新学案》。盖日本友人吾妻重二来自东京早大，携有此书，曾略翻看，一次与主编《中国哲学》的先生谈及此书，即约我写一书评，以加强海内外学者沟通，于是写成《朱子新学案述评》一文，载于《中国哲学》。这一篇文字据说钱先生看后尚觉满意，我于朱子略曾下了考证工夫，所以略能就此说上些话罢了。

中国内地自1950年以来一直未实行学位制度，五十年代学习苏联，曾有副博士研究生一说，即研究生毕业授副博士学位。但后来未真正实行，所以到我们这些"文革"后第一批研究生进校时依然是如此。不过质量标准是有的，教育部方面一直把达到苏联副博士作为中国研究生的质量标准。到了我们毕业这一年，宣布实行学位制，研究生论文合格者颁硕士学位，论文答辩时委员会投两次票，第一次决定是否通过，第二次决定是否给学位。

哲学系基本上都给了学位，而有的系竟有三分之一未给。其实大家认为得一硕士已是吃了亏降了格，再有得不到的，其不愉快可以想见。实在说我们这一届研究生质量是较高的，因为大家年纪也大些，人生阅历和知识面较广，思考能力也较强。

我们毕业的第二年公布了首批博士生导师的名单，北大哲学系是张岱年先生、黄楠森先生和王宪钧先生，王先生是王浩先生的老师，黄先生为系主任、马哲史的专家，张先生则执中国哲学史界之牛耳。有了博士生导师，表明要继续授博士学位，时刘笑敢兄、鲁军兄都决意报考，我在内人催促之下也决定一试，但招生名额只有两名，有鉴于此，鲁兄为成全我与刘兄，竟未报名，至今想起还是有些歉然。不过后来鲁兄与汤一介教授一起创办"中国文化书院"，弘扬传统文化，成绩斐然，亦可说变失为得。博士研究生考试也是四门，另加口试，北大第一届博士研究生文理科各四名，共是八名，这也说明录取是颇为严格的。

1982年我教中国哲学史，教学中有时也发现些问题，一次教研室开会，我问张先生，横渠"心统性情"一语不见于张子著述，究竟出于何处？先生对横渠最熟，答云朱子言张子有此语，必有所据，或出自其《孟子说》，惜今已佚。又指示北京图书馆有一书《鸣道集》，中存横渠书若干，可去查看。到北图借得宋本《诸儒鸣道集》一看，乃是一种丛书，不仅收有横渠书，亦有濂溪、二程诸书，于是以通行的周张二程诸书去校。虽然张子之语仍无着落，但对《诸儒鸣道集》作了一番研究，有所收获。盖此书将朱子以前道学名著多收入之，其中不独《通书》考据版本最早，其《二程语录》竟与朱子所编《遗书》略异，显是出于《遗书》之前，其中《忘筌书》《圣传论》向来皆以为佚失，其实皆收于此集中，又考订此书集于乾道之初，乃我国最早的丛书，因撰成文加以讨论。后因杜维明教授催促，发表在《北京大学学报》上面。

向来作朱子研究，有一事未决，《周子全书》引朱子曰"太极生阴阳，理生气也"一条，语气甚明，于哲学关系不为不重，但这一句话不见于《语类》《文集》等朱子撰述中。曾请问冯先生、张先生，皆云不知晓。1981年秋，中华书局标点《朱子语类》准备出版，请邓艾民先生审阅标点稿，邓先生即命我查北图及北大图书馆《朱子语录》存目。乃见有刊本叶士龙《朱子语录类要》，其中记录者姓名竟有九人不见于语类姓氏，邓先生疑其中或有《语类》

所未载者，遂建议我检看，若有即可补于新标点本中。但此事甚苦，盖《朱子语类》一百四十卷，《类要》十八卷亦不下千数条。若将《类要》中每一条对照《语类》检看一遍，不独语类要翻破，时间亦不知要几年。我先将《类要》中熟见的语录标出，然后将《类要》中的条目在《语类》中相近的主题卷中查找，最后将所剩的条目录出，反复诵读熟记心中，再从头至尾仔细翻检《语类》，一遍之后，将条目熟记一过，再从头翻检《语类》，反复几近十次，总算查得《类要》中有一百余条不见于《语类》，于是交与中华书局作为附录。但人脑并非机器，所剩一百余条中也许仍有《语类》已录者，但我当时已疲累非常，无力再查，即此结束。但心中总觉此事费力不讨好，思之再三，恐就此印出后，他日有日本学者在此基础上细加勘查，寻出十数二十条来，岂非坏事？由此决意通知中华书局撤回附录，时邓先生意尚有不足，然我已决，也只得如此。此一番查对的过程中，我很留意向来找不到出处的一些文字，如前说《周子全书》所引一条，在查书时即甚留意，但终亦未见。1982年春夏间，在北图校《张子钞释》时，一日思寻《朱子钞释》出来一观，读《朱子钞释》，向来"理生气"一语出处不明之疑乃决，遂写成文。后陈荣

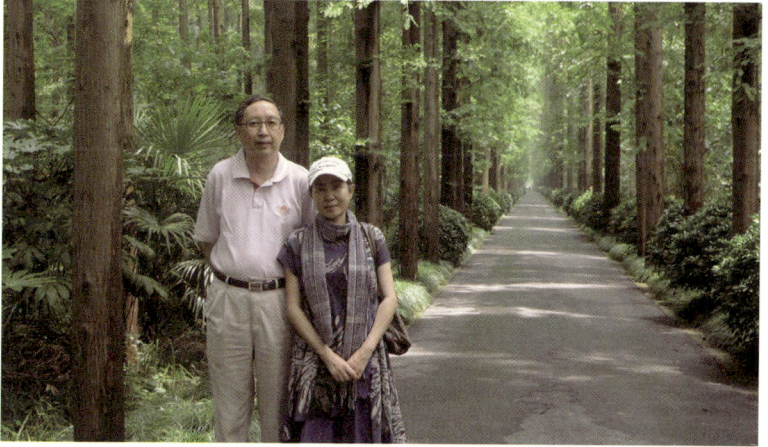

与夫人合照于上海崇明，2014 年

捷老先生见此文，颇为表彰，实是愧荷无已。

我由教师又变为博士研究生，原工资照发，教研室的会不必经常参加，也没有什么特别的课程（英文有写作和口语的提高班），基本上专心作博士论文。往年作《朱子书信年考》，只考得《文集》正集的书信，一来因为续、别集的材料与哲学有关者较少；二来时间有限。现在既然有时间，即动手将续、别集的书信一一考证，并将正集所考重加审看。1982年的时候，我曾将《年考》缩写成八万多字的《朱子书信系年简目》，由《中国哲学》接受，但自那时以来，《中国哲学》因无财政支持，日见艰难，几乎两年才能出一本。学术著作出一本赔几千元甚至上万元，出版社不愿意出，也是事出有因，出版体制太死，没有活动余地，学者无可奈何，只得自认晦气，或奔走寻门路。《中国哲学》自1979年创办以来，是中国哲学史界水准最高的刊物，这也和它的容量大有关。一般杂志刊登文章皆在一万字左右，作者在引证史料和理论表述上都必然受到较大限制，《中国哲学》一向待我甚厚，其处境如此，令人叹息。1983年在北大勺园见到来访的杜维明教授，他知我的《朱子书信年考》出版有困难，便建议我考虑到海外出，但当时正批"精神污染"，我未敢贸然应允，现在想来颇有些后悔，不过杜教授的好意我终不敢忘。

我从研究生起，朱子学研究方面的用力多在考证和史料掌握方面，这也是为了作好论文不得不然，但心思常在哲学问题和方法论上。考证功夫作久了也会成癖，我们在北大哲学系教哲学史，自然不能完全走入考证一途，时常有意花些时间看外国哲学。同时，我希望我作的博士论文不仅要有实实在在的工作，理论上应当有一个较大的突破。国内学者一般视朱子为一客观唯心论者，与柏拉图或黑格尔相近。以朱子与柏拉图比，并非毫无道理，与黑格尔比则相去太远，柏拉图的问题本身也并不那么简单。但我研究朱子，觉得从老子到程朱，这一类哲学的本体论很难说是唯心论，当然也不是唯物论，而且也不是二元论。这种本体哲学面对的真正问题并不是近代西方人强调的心物问题。这是一种特殊的哲学形态，难以用流行的西方哲学的类型来比附。于是我提出一种新的解说，但新的理论必须考虑到不要与传统唯物唯心两分的哲学史观发生正面冲突，这样我就写了一篇文章，从老子、朱子哲学的形态谈起，发展出一种与时贤不同的方法论体系。在这个新的方法论中，唯物唯心的对立不再被看作永恒的普遍法则，而视为我所提出的普遍法则在欧洲近代的特殊表现方式，这一想法竟得到张先生的首肯，使我很为兴奋。盖1979年至1982年中国哲学史界在方法论问题上有大争论，一些学者提出中国哲学的基本问题并非恩格斯所谓"思维和存在"问题，认为哲学史基本不是唯物唯心两分，而是三分，认为三分才是真正的辩证法，反对以唯物唯心斗争为哲学史发展的基本线索，另一派学者坚持恩格斯论断的普遍性和有效性。我的主张则是力图避免直接的对抗，站在一个更高的普遍层次上来看问题，并把唯物唯心的对立作为一种特殊容纳在其中。

1984年夏我在蓟县召开的中国哲学史第五次夏季讨论会上讲了这个意思，未料到个别学者指摘我"出了圈"，弄得张先生也颇紧张。受了这一瓢冷水，我有些丧气，但又不甘心，只得将意思收起半截，另半截写在博士论文第一部分的小结里。

从前北大、清华哲学系传统不同，北大是唯心论、清华是实在论，北大是心学、清华是理学，北大重哲学史、清华重逻辑分析，1949年以后合为北大哲学系，故今日北大中国哲学史一科实含两个传统。从1949年以后的情况看，哲学理论上都以马克思主义为准绳，但治哲学史方面，一是汤用彤先生代表的重视史料的传统，一是冯友兰先生代表的辨名析理的传统。而冯先生因三十年代后俨然是中国哲学史的开山，其影响自是更大一些。后来在我的博士论文答辩会上，朱先生说我是继承了北大辨名析理的传统，这本也不错。我自度所长，本是在此一方面，但我主观上毫未忽视史料考证和掌握，而用力则多在后一面；冯先生以哲学家之风治中国哲学史，不甚重史料辩证，此在今日很难仿效，这是我略不满于冯先生的地方。也许是自己资质太差，总之我的意愿正是企图结合两种传统，庶几体用兼备而理事合一。我作博士论文大体是这个路子。

博士论文写了四个部分：理气论、心性论、格物致知论、朱陆之辨，每一部分又分为若干章，如理气论中有理气先后、理气动静、理一分除、理气同异等章。其中理气先后一章自是由以前论文改写而成。我的写法大体上是注重问题，不专门讨论范畴，我写的这些问题固然都是朱子思想的大节目，但也可以看出，我的关切还是从哲学着眼，故与哲学无直接关系的部分即舍去。这也和博士论文不能写得太大有关，后来证明，25万字的打印装订费用就已超过北大规定允许支付的限额了。

表面上看，我作博士论文没有太大的困难，材料已充分地掌握，结构也已确定，其实下笔甚难，每一个问题都殊费思索。因朱子哲学中几乎每一个问题上都有不同的说法，若只照一路讲下去，如教科书所作，自是可以清楚明白，但等于自欺欺人。因而每个问题都须加以多方面的辨析分疏，里面有概念问题，有角度和层次的问题，有思想发展的问题，总之没有一个问题是顺顺利利地写出来的。朱子讲话太多，他的讲法又常互有出入，"横看成岭侧成峰"，颇为复杂。另外在每一部分都要做一个历史的考察，好在各节考证多少有些心得。

1984年，我刚刚写完心性论一部分，一位日本朋友送我一篇论朱子学格物论的文章，其中有一处提到李退溪有四端七情说，这四端七情几字已足使我吃惊。我写朱子，已发现朱子心性论的矛盾，究其症结，四端七情正是其一。于是写信给日本友人，请他寄退溪论心性的材料来，这位朋友即将《四七理气往复书》寄给我。退溪称海东朱子，我们专门研究中国朱子哲学的，研究退溪不过顺手牵羊，亦非难事。于是当下写就一篇论李退溪四七之辨的文章，也是登在《北大学报》上面。1985年我获得学位后即赴筑波大学参加退溪思想讨论会，提交的论文是讨论退溪对朱子学究竟有何发展，并指出四七之辨在朱门弟子已开先河，且以退溪比于南轩，盖韩国学者论退溪常有过头之论，以此稍得中庸之论尔。

1983年邓艾民先生患肠癌住院做手术，邓先生在教研室诸教授中身体、气色本是最好，突然发病，可谓不测。发病后亦自疑不治，时邓先生有两部未完成的著作稿，一是《传习录注释》，于日本学者成果多有采纳；二是《王阳明哲学》，当时已草有七章。一日我去医院探视，邓先生说，此病短期治愈，那是最好，如其不然，阳明哲学本拟作十章，余下三章就只好由你为补了。我闻此言大有人之将死意味，心下甚难过，但也只得应承，反复宽慰之。次年夏，邓先生竟至不起。邓先生在北大是比较偏于宋明研究的，这一来宋明学术研究即落于我等身上，言念及此，难免有任重道远之感。

博士论文的答辩很顺利，校外仍是任继愈先生、邱汉生先生参加，本校则是张岱年先生、朱伯崑先生、汤一介教授、楼宇烈教授（汤一介教授1983年从美国回来后，张先生不再做教研室主任，由汤先生任主任）和正在北大讲授"儒家哲学"的杜维明教授。因为这是北大有史以来第一个文科博士论文的答辩会，旁听的人很多，我虽然知道通过答辩问题不大，仍未免有些紧张。答辩时朱先

1985年7月，北大第一位文科博士陈来论文答辩时的场面

生让我辨别朱子哲学与罗素中立一元论，这是针对我原来提出的修正传统方法论的思想而发。朱先生提此一问题，张先生面色微变。但我心知朱先生不过就此一问而已，何况我的"出圈"思想在论文已收敛起来，以故从容应对。答辩顺利通过，临结束时朱先生笑着对我说："你是太喜欢朱熹。"杜教授在旁立即说："是同情的了解。"大概朱先生嫌我批判的分析不够。

博士论文通过后，我一面继续教中国哲学史课程，一面承担帮助冯友兰先生作《中国哲学史新编》的任务。

北大的哲学史课向来分成上下两段，上段由先秦到隋唐，下段由宋明到五四。我这年安排在下段，所以先集中精力整理《朱子书信年考》。1982年北大制定古籍整理规划，此书列入其中，但当时师友皆建议改为系年之作。这次整理，主要的工作是调整体例，又细加考订一遍，大约整整花了一个学期，算是完成了这部《朱子书信系年考证》。就此，我的朱学研究也可以告一段落，这绝不是说朱子已无可研究，我当然可以研究一辈子朱子，做朱子专家，但北大无此传统。有一次哲学所的辛冠洁先生对我说："你们那儿（北大）都是通家，我们这儿（哲学所）都是专家。"辛先生主编过《中国古代哲学家评传》等书，他此说颇能表出大学与研究所学者的不同特点。在大学教哲学史，岂能一生只专一两家。冯先生自二十年代末作《中国哲学史》，到今天仍做这个工作，张先生三十年代写成《中国哲学大纲》，时年仅二十九，都是"通"的一路，我自然也不能例外。此一"学"统是不可不继承，虽然在断代上有所偏重就是了，这是我打算暂时告别朱子的原因。多年研究朱子，觉得甚能契合朱子思想，朱子神秘性最少，理性最强，其学说多与常识相容，学问博大精深，岂止仰慕，其为人行事，亦足以彰后来。生当今日，我虽不欲作朱子门徒，但于朱子确有感情，而于象山终觉有所不合，不知此是何缘故。

从日本开会回来，一面整理《朱子书信年考》，同时开始帮助冯友兰先生作《中国哲学史新编》。此事教研室早已确定，只是我一直忙于别的事情。1985年在日本时，冈田武彦先生问我，冯先生现在能不能写自己想写的东西，意思是指冯先生这许多年都是言不由衷。其实冯先生这些年每个时期写的东西基本上都是他自己当时想写的，故我回答说自然可以。一日见冯先生座椅后小凳上一叠书中有冈田武彦所赠的两册，因将冈田的话向冯先生转述一遍，冯先生说，我现在别的都不管，就是要写我想写的东西。

冯先生我早有接触。1978年到北大读研究生时，即去访冯先生，谈到董仲舒和儒家，冯先生谓董仲舒很有贡献。第二次去向他借英文的《中国哲学小史》看，谈到究竟什么是"唯心"。以后，由图书馆回宿舍，每经燕南园过，偶尔会在下午看到冯先生在他的庭院挪着小碎步活动，庭院里即立着那堂前的"三松"。1980年因朱子的材料问题，曾向他请教，那时我见他精神比1978年时为好，以后又有几次，或有事情，或陪客人造访到过冯家。冯先生写《新编》，六十年代起一直是朱伯崑先生帮他忙。这所谓帮忙，是指与冯先生讨论提纲，冯先生写出初稿来再帮他看稿子、提意见。

《新编》本在六十年代已出到两汉，下面也写出不少。"文革"后期，六十年代的《新编》已经不"新"，须按儒法斗争的格局重新写过，而刚写完先秦，"四人帮"即已倒台，先秦两册又须再改过。到1980年才出版这两册的修订本，卷首即那篇论"旧邦新命"和"反思"的长序。以后到魏晋隋唐部分，由李中华兄帮忙，因中华兄研究郭象。隋唐以后，便由我来帮忙，这自是理有固然。

我接手的时候，魏晋至隋唐刚刚誊写出，冯先生让我逐篇看过，以便了解他的思路。其实他的旧哲学史、六十年代的《新编》，我上研究生以前都已念过，做研究生论文时因着力于朱子，更是把以《新理学》为首的"贞元六书"细细看过。冯先生的一切文字我平时也极为留意，盖此老先生出手即大家手笔，确与常人不同。所以实际上他的思想我不敢说十分了解，至少是毫不陌生。读魏晋隋唐的书稿冯先生本来不过是让我熟悉理路，但只读到总论，便觉有不少问题，大都与重要的哲学问题有关，于是第二次见冯先生即谈我的看法，相对谈了许久。

待下一次去时，宗璞（著名作家，冯先生女儿）对我说："我父亲说：'陈来到底是个博士！'"这可以看做冯先生对我的鼓励。

冯先生有一个助手，来自辽宁，自愿放弃工作来帮冯先生的忙，并藉此学习哲学，住在冯先生家，冯先生每月付他工资。工作程序一般是由老先生口述，这个助手记录，半天写作，半天读报章杂志。写好初稿，冯先生一位博士研究生先看过提出意见，然后交我看。我比较注意资料，因冯先生年事甚高，看书已很困难，许多地方出于记忆，难免有差错的地方，必须帮他把关。至于思想、论点自然是冯先生自己的，但一方面可以提出前后逻辑是否一致一类的问题，另一方面，有些论点的成立是否有明显的困难，以及完全出于我与冯先生不同的哲学立场所提出的挑战，冯先生也都乐于一起讨论。一般我不会完全站在自己的主观立场上提意见，所以我的意见大都会被接受。由他口授修改意见，我写在稿纸边上，最后交助手誊清。

冯先生是个哲学家，最喜欢讨论哲学问题，我自己对哲学问题也有很大兴趣，我既感觉到冯先生很愿意和我谈，我也就常不掩饰自己的意见。比如冯先生写到宋代，批评朱熹支离，我向他提意见说，朱子可以批评，但说支离，并没有超出陆王的水平，您的批评应当比朱陆更高一个层次。冯先生表示同意，下一次去，冯先生很高兴，说："你上次提了意见，我又重新考虑，现在有了新的处理，改写的稿子你拿去看看。"我知道冯先生为我一逼，又有新的高见。冯先生年过九旬，可是思想不但十分清楚，而且十分灵活，一天也没有停止过哲学思维。每次见他，他都有新的思想出现，说"我近来又有一个想法""我近来对ＸＸ又有体会"这常常令我惊奇不已。

我从学张岱年先生多年，又见冯先生，两相比较，使我想起陆象山的一句话，他说"南轩似明道，元晦似伊川"，这话是否准确可以不去管，以学问气象而言，冯先生似明道，张先生似横渠，这倒是不移之论。今人论新儒家大概举梁、熊、冯、唐、牟诸先生。海外对冯先生多有批评，但我看过这些批评，每觉与我所知的冯先生对不上号，所论少有贴切者。大概是对国内与冯先生情况不甚了了，好像常把一些与政治有关的情绪"迁"到这些问题上来，缺乏真正"同情的了解"。新儒诸老，各家学问进路不同，吾人不必去论，然宋明儒者最讲圣贤"气象"与"境界"，其他诸老我无了解不敢妄论，不知真当得起"道学境界"的却有几人。我观冯先生境界实有过人者,若非其学问修养所积实难臻此。前年金岳霖先生故去,冯先生写一篇文章纪念金老,写好给我看,见其结尾处说金先生可称是"晋人风流",我即说您正是"道学气象",冯先生抚髯微颔之。

1984年北大为冯先生开从教六十周年纪念会时,冯先生念了他写给金老共勉的对子"何止于米,相期以茶",当时梅贻琦夫人也在。

1985年12月,北大为冯先生举行九十寿辰庆祝会,前一晚由冯先生在海淀全聚德宴请亲朋好友及教研室同仁,我赠的一副对联挂在冯先生正座的右首上。盖前一星期我对冯先生说,先生大寿,我写了两句不成文的东西,冯先生说念来。念毕,说:"大体是很好,但下联最后一句尚嫌有未工处。"我说就请先生在上面改一改,冯先生沉吟半晌,在纸上改移了几个字,这对联是:

极高明别共殊觉解真际心通天地有形外
道中庸任自然后得混沌意在逍遥无尽中

上联讲学问,下联讲境界,据说冯先生颇为满意。

往年，张奚若说冯先生"心气平和，遇事乐观"，这两条并非常人所易能。近三十多年，他常常受到批判，但总能不滞于心，而且从不消极。杜维明教授说他拒绝放弃哲学思维和发言的权力，确实如此。"文革"中毛泽东曾有保护翦、冯之说，翦伯赞自裁之后，红卫兵一时紧张，上门来做冯先生的思想工作，但又不好明言。冯先生一笑说，就以我受的儒家教育说我也不会那么做。

"文革"中哲学系二冯首当其冲，冯定年纪小于冯先生，但"文革"后身体极差，几乎起不来，不少老马克思主义学者，听到要受批判，精神顿时被击垮，甚至陡然瘫痪。冯先生曾指出此中缘由，意谓此皆因内心承受外来打击的力量不够使然，冯先生处"批"不动，正如伊川晚年，非舍后如此，乃达后如此，实是他对道学精神境界的修养有受用。有人问冯先生是否喜欢道家，他说"我喜欢道学。道家太消极，儒家功名心又太强"，其言盖有深意在。人无完人，无论如何，他是一个地道的道学传统的哲学家。我的学问本受张先生影响最大，自见冯先生后，觉更开一新境界。

张先生一般被认为是真正的哲学史家。冯先生喜欢借哲学史讲出自己的道理，张先生则推崇太史公"好学深思、心知其意"，强调尽力准确地理解古人的"其意"。但张先生早年也是哲学兴趣最大，受其兄张申府的影响，服膺英国的实在论和分析哲学；后受新哲学影响，欲演成一套分析的唯物论；于中国哲学，尤注重表彰固有的辩证法思想和戴震、颜李的实学精神。五十年代中期他写的关于中国哲学的文章很多。1957年被划为右派，遭受打击，"四人帮"垮台后方恢复名誉，自那时以来，连续三次被推选为中国哲学史学会会长，在中国哲学史界可称是"泰山乔岳"。他对整个中国哲学的掌握可以说到了精熟的境地，平生最推崇张横渠，所写文章资料丰富，义理深微，辨析明细，加上待人笃诚，平易谦和，奖掖后进尤不遗余力，平素济人困难也常传为佳话，其道德文章，学界无人不称道。先生平时脾气最好，我见先生发作脾气是在两次论文答辩会上，若有人对张先生的学生提出疑难，先生便不快，有人戏称先生"护犊子"，每思及此，亦觉有趣。我做硕士论文虽非张先生指导，但往来问学反多于他人，我最先发表的两篇论文也是受先生的大力推荐，以故当时刘笑敢兄谓"人皆只有一个先生，独你有两个先生"。后来我跟张先生作博士论文，正式从先生学，实在也不是改换门墙，只不过早有其实，后补其名罢了。

近两年来，精力每难集中，被外间扯东拉西，所写的论文也多不在两宋。本来我因做朱子论文，两宋思想用功颇多，不但北宋五子必定研究，与朱子前后同时之胡五峰、张南轩、吕东莱、叶水心、陈同甫等亦颇留意。陆象山更不必说，写朱陆之辨时《象山文集》至少看了三遍。朱门弟子北溪、西山、木钟、勉斋皆略曾用心，有人劝我写两宋哲学史，这对我虽非易如反掌，也算是轻车熟路，但我并无兴趣。自来爱读难读之书，研究未曾研究的问题，发人所未发之论，只是常叹才力不足，难以有所成就耳。现在的兴趣，比较偏于明代的王学。

我有时也想，成人之道自不唯在儒，然人于道问学之外，必须有真境界，宋儒"浑然与物同体"一类话头，朱子已嫌其太高，但《定性书》所论确非神秘主义，此一种"心地工夫"对人生实有意义。涵养进学，两轮两翼，时代虽殊，其理则一，唯在人识与不识耳。反思既往，自己学问用功，得非亦缺此一截工夫？容再思之。

（原载台湾《当代》第十九期，1987年11月）

苟日新，又日新
——冯友兰先生为我命字

1985年9月，我开始给冯友兰先生当助手，主要是协助他写作《中国哲学史新编》，一直到1990年冬他去世。冯先生有三级助手，有记录、念报的，有找资料的，我是帮助看稿子的。这个时期，我一月之中，会去冯先生府上两次。如果他有新写好的章节，我便拿回家看，待下次再去时跟他讨论。如果没有新写好的稿子，冯先生就会跟我聊聊他的想法，谈谈正在写什么或准备怎么写下一章。我们的谈话都是以《新编》的内容为中心，从来没有闲谈。

冯先生住在北京大学燕南园57号，客人进院子后，由北门进屋。那时除了冬天，北门一般不从里边关着。冯先生书房在里面，外面敲门里面有时听不见，所以我那时去冯先生家，一般也不按铃敲门，拉开纱门，直接推开北门就进去，直奔冯先生的书房，落座谈话。因为冯先生九十岁以后眼睛看不见，所以一般我进书房后，冯先生的助手就会大声告诉冯先生说："陈来先生来了。"冯先生就会答应："啊，陈来来了。"冯先生是河南人，陈来两个字他都是念去声。

1988年夏，有一天我跟冯先生说，请您有时间给我命个字吧。古人有名有字，名是出生后父亲所起的，男子的字一般是二十岁加冠时所取，读书人则由老师来命字。古人在成年以后，长辈用我们的"名"称呼我们，自己也是用我们的"名"称呼自己，而"字"是用来供社会上的其他人来称呼我们的。命字是一种文化，命字不仅要与其本名有关联，传统的儒者还要把对被命字者的德行与未来人生的期许包含其中。所以古代大儒如朱子、王阳明的文集中都有很多字序、字说，都是他们给学生命字时所写，以说明如此命字的道理。近代以来，这一类文字已经很少有人注意了。

冯先生是文史大家，对此传统非常熟悉，所以他听了我的要求，只说了好，再没有说什么。一个多月以后，8月的一天，我去冯先生家，冯先生助手说，冯先生给你写好了，就把他记录抄写的两页纸交给我。全文如下：

为陈来博士命字为"又新"说

陈来博士嘱予为命字，余谓可字"又新"，并为之说，以明其义。昔之人，有名有字，皆所以勉励其人进德修业，晋于光明也。其取义也，以名为主，以字为辅。辅之之道，盖有二途：一则引申其名之义之余蕴，陶潜字渊明，杜甫字子美是也；一则补救其名之义之或偏，韩愈字退之，朱熹字元晦是也。"来"之一词，在日用为恒言，在哲学为术语。《周易》之诸"对待"中，"来"与"往"为一对待，配以其他"对待"，则"来"为"伸"，"往"为"屈"；"来"为"阳"，"往"为"阴"；"来"为"息"，往为"消"；来为"神"，"往"为"鬼"。余亦尝谓：往者不可变，来者不可测，不可测即神也。往者已成定局，故不可变；来者方在创造之中，故不可测。"来"之诸美义，可一言以蔽之曰"日新"。《周易·系辞》曰："日新之谓盛德。"《大学》亦曰："苟日新，日日新，又日新。"其义若曰：既日新矣，则必新新不已，新而又新，永无止境，此"又新"之义也。"来"方在创造之中，前途无量，此大业也。《系辞》曰："富有之谓大业，日新之谓盛德。"二语相连，有旨哉！"来"之义极为深广，以"来"为名者，以"又新"为字，方足辅之。

为陈来博士命字为又新说

陈来博士嘱予为命字余谓可字又新并为之说以明其义昔之人有名有字

古者以勉励其人进德修业晋杜光明也其取义也以名为主以字为辅辅之

之道盖有二途一则引申其名之义之徐蕴陶潜字渊明杜甫字子美是也一

则捕救其名之义或偏辅愈之朱熹字元晦是也来之一词在日用为

恒言在哲学为术语周易之诸对待中来与往为一对待配以其他对待则来

为伸往为屈来为阳往为阴来为息往为消来为神往为鬼余尝谓往者不

可变来者不可测却神也往者已成定局故不可变来者方在创造之

中故不可测来之诸美义可一言以蔽之曰既日新矣则必新新不已新而又

大学言曰苟日新日日新又日新其义若此新矣则必新新不已新而又

新永无止境此又来方在创造之中前途无量此大业也繋辞曰富

有之谓大业日新之谓盛德二语相连有旨哉来之义极为深广以来为名者

以又新为字方足辅之余谓陈来可字又新其义如此

一九八八年八月十三日上午冯友兰于三松堂时年九十有三

陈来先生雅嘱岁次癸巳孟夏之月东海徐儒宗谨书

徐儒宗先生书《为陈来博士命字为"又新"说》

余谓陈来可字"又新",其义如此。

　　一九八八年八月十三日上午,冯友兰于三松堂。时年九十有三。

　　我认为,这篇"字说"是冯先生晚年所写的一篇上佳的文字。冯先生中年时颇注意文章的做法,追求寓六朝之俪句于唐宋之古文,他的祭母文、西南联大纪念碑文是当之无愧的典范之作。新中国成立以后,社会通行的文体弃旧图新,冯先生也就基本不做古体的文章了。而在其老年,却能信笔写出,足见其文章的修养非同一般;同时可以看出,冯先生对儒学传统文体非常熟悉。我请他命字,他即以古典文言写下"字说",此种近世大儒的文章修养,在当时在世的学者中已很难找到了。更重要的,这篇文字尽显出冯先生作为大哲学家的思维风范,他把"来"字联系到《周易》哲学的往来、屈伸、阴阳,又引至《大学》的苟日新、又日新之说,足见其神思妙运,然后自如地加以分析和提炼,并以此寄予了对我个人的深厚期望。什么叫大家手笔,于此明白可见。所以对于这篇文字,我是极为感佩的。

　　不过,《三松堂全集》的河南人民出版社1994年初版，在收入这篇文字时，竟掉了其中重要的一段，真是匪夷所思！我发现后，告诉了宗璞先生，后来新版的《三松堂全集》才改了过来。

由于冯先生晚年目盲，已经不能自己写字，所有文章都是由他口授，由助手写录下来。这篇文字的原稿就是由助手用原子笔在400字的小稿纸上写就的。冯先生去世后，我曾和宗璞先生说起，想把冯先生这篇文字用楷书写出来，挂在墙上，以为纪念。宗璞先生说你找个书家写出来，然后可以盖冯先生的章。由于我的周围并没有认识的书法家，所以就一直拖了下来。直到最近两年，才找到能写小楷的书家朋友，把这篇文字书写了出来。然后，我到宗璞先生家盖了章，就是在西南联大时闻一多先生给冯先生刻的两枚印章，终于完成了我的心愿。

大陆的朋友辈多已不明传统习惯，海外学者也渐渐都不用这些老派的礼俗，所以这些年来，只有日本的吾妻重二教授、台湾的杨祖汉教授等少数几位友人会用表字称我。至于我自己，二十多年来，我以"又新"作为自己的学术鞭策，写了不少书和文章，所得成就不能说很大，但总算是没有辜负先生的期许吧。今后我仍会继续以"又新"自励，在学术上不断求新，新新不已，不断进步。